POLARIS

EVA LOHMANN

So schön still

Die Stärke introvertierter Kinder und Eltern

Rowohlt Polaris

Originalausgabe
Veröffentlicht im Rowohlt Taschenbuch Verlag,
Hamburg, März 2022
Copyright © 2022 by Rowohlt Verlag GmbH, Hamburg
Covergestaltung und -abbildung
HAUPTMANN & KOMPANIE Werbeagentur, Zürich
Satz aus der Whitman
bei Dörlemann Satz, Lemförde
Druck und Bindung GGP Media GmbH,
Pößneck, Germany
ISBN 978-3-499-00638-8

Die Rowohlt Verlage haben sich zu einer nachhaltigen Buch-
produktion verpflichtet. Gemeinsam mit unseren Partnern
und Lieferanten setzen wir uns für eine klimaneutrale Buch-
produktion ein, die den Erwerb von Klimazertifikaten zur
Kompensation des CO_2-Ausstoßes einschließt.
www.klimaneutralerverlag.de

Für meine Tochter

Introvertiert zu sein bedeutet nicht, schüchtern zu sein.
Es bedeutet, dass du es genießt, allein zu sein.
Du genießt es nicht nur, du brauchst es.
Wenn du wirklich introvertiert bist,
sind andere Menschen für dich wie Energie-Vampire:
Du hasst sie nicht, aber du musst genau planen,
wann du dich ihnen aussetzt – wie der Sonne.

Amy Schumer

Inhalt

Vorwort: Mehr Annika als Pippi Langstrumpf

Die Idee zu diesem Buch kam vor ein paar Jahren mit einer Postkarte. Darauf ein Bild von Pippi Langstrumpf und die Worte: «Sei wild und frech und wunderbar.» Eine Zeit lang hing diese Karte über meinem Schreibtisch. Zunächst beachtete ich sie nicht weiter. Bis ich irgendwann merkte, dass ich immer leicht genervt war, wenn ich zufällig einmal darauf schaute. Irgendetwas an dieser Karte störte mich. Es dauerte eine ganze Weile, bis ich darauf kam, was genau es war: nicht das sommersprossige, lächelnde Bild von Pippi selbst, sondern die Worte darunter. Diese Aufforderung, wie man – ich – sein sollte. Wild und frech. Und dadurch wunderbar? Ich schmiss die Karte in den Papierkorb.

In den folgenden Jahren begegnete sie mir immer wieder: an Postkartendrehständern, Kühlschränken und auch in Kinderzimmern. Es ist eine gern gekaufte und oft verschenkte Karte. Die Gesellschaft scheint sich wilde, freche Kinder zu wünschen, so wie Pippi eines ist. Und sie lässt die Kinder das auch wissen. Aber was ist mit den Annikas dieser Welt? Der stillen, in sich gekehrten Freundin von Pippi? Was ist mit den Kindern, die die Ruhe lieben, stundenlang Bücher lesen, lieber gedanklich als wirklich auf Abenteuerreise gehen –

und bei Kindergeburtstagen mitunter ein bisschen verloren wirken? Sind die zu leise, zu zurückhaltend, um wunderbar zu sein? Die Frage verhakte sich in meinem Kopf; ich wurde sie nicht mehr los. Also begann ich zu recherchieren.

Als Erstes fand ich heraus: Astrid Lindgren hat diesen Satz nie gesagt. Und sie hat ihn auch Pippi nicht sagen lassen. Der Satz stammt von einem anderen Autor, der Bild und Satz zusammen auf eine Postkarte drucken ließ und mit dieser Idee ziemlich viel Erfolg hatte. Irgendwie beruhigte mich das, denn es hätte nicht zu meinem Bild von Astrid Lindgren als Verfechterin einer freien, selbstbestimmten Kindheit gepasst. Sie war es nicht, die Kindern gesagt hat, wie sie zu sein haben.

Astrid Lindgren zeigte in ihren Büchern vielmehr, was alles möglich war – zu einer Zeit, als man genau wie heute ziemlich konkrete Vorstellungen davon hatte, wie ein Kind zu sein hat. Anfang der 50er-Jahre war der Wunsch nach wilden, frechen, extrovertierten Kindern – sagen wir es mal so – nicht besonders groß. Die Eigenschaften, die Eltern sich von ihren Kindern wünschen, sind stark davon abhängig, in welcher Zeit man gerade lebt.

Heute bekommt man oft den Eindruck, der ideale Mensch sei schnell, laut und selbstbewusst. Inszeniert sich auf Instagram, ist gut vernetzt. Redet über sich und seine Erfolge, passt auf, dass er nicht übersehen wird, und kommt nur im Team wirklich weiter. Ein erfolgreiches, gutes Leben, so könnte man denken, braucht eine große Portion Extrovertiertheit.

Und dann werden wir unruhig, wenn unser Kind auf dem Spielplatz mal wieder stundenlang allein vor sich hin spielt, wenn es sich nach der Schule gern in sein Zimmer zurückzieht, wenn es die meiste Zeit nachdenklich wirkt. Wir befürchten, dass unser Kind den Anschluss verliert, ein schwieriger Einzelgänger wird, vielleicht sogar depressiv.

Ziemlich schnell hat man aus einem simplen Charakterzug ein vermeintliches Problem gebastelt. Woraus sich dann zwei echte Probleme entwickeln können: zum einen ein Kind, das das Gefühl bekommt, nicht richtig zu sein; zum anderen Eltern, die sich sorgen, dass ihr Kind in dieser Welt schwerer zurechtkommen wird als andere.

Mein Buch soll diese Angst nehmen und den Blick auf stille Menschen verändern. Ich bin keine Psychologin und keine Wissenschaftlerin. Ich habe auch keine pädagogische Ausbildung. Was ich aber habe, ist die Fähigkeit zu beschreiben, wie es sich anfühlt, als introvertiertes Kind in dieser Welt groß zu werden: Ich war selbst eins und bin heute die introvertierte Mutter eines extrovertierten Kindes.

Anhand von Gesprächen mit Experten, Studien zum Thema und vielen eigenen, sehr persönlichen Erfahrungen wird sich dieses Buch im ersten Teil den Fragen widmen: Welche Erwartungen habe ich an mein Kind? Warum habe ich diese Erwartungen? Entspricht das Kind ihnen? Und wenn es ihnen nicht entspricht, lasse ich mein Kind das spüren? Was macht das mit ihm? Es soll in diesem Teil außerdem darum gehen, die Bedürfnisse kleiner introvertierter Menschen zu erklären und ihre Stärken aufzuzeigen. Darüber hinaus wird es Tipps geben, wie man als leiser Mensch auch in lauter Umgebung glücklich sein kann.

Im zweiten Teil stehen dann introvertierte Eltern im Fokus. Denn wenn wir als Väter und Mütter selbstbewusst mit unserer Sehnsucht nach Stille und den damit verbundenen Stärken umgehen, sind wir unseren Kindern das beste Vorbild. Wenn wir zeigen, dass wir zufrieden sind mit uns, so wie wir sind, andere daran erinnern, dass wir Grenzen haben, und verlangen, dass diese auch akzeptiert werden, dann werden unsere Kinder von uns lernen.

Unsere Gesellschaft ist an vielen Stellen weit gekommen, was Vielfalt, Freiheit und Toleranz angeht. Wir sind noch nicht am Ziel, aber auf einem guten Weg, wenn es darum geht, Vielfalt zu schätzen und zu lieben. Warum sollte diese Liebe zur Vielfalt nicht auch für Charaktereigenschaften gelten? Unterstützen wir unsere Kinder in ihrer Individualität.

Wenn dieses Buch Eltern davor bewahren kann, ihrem introvertierten Kind unbewusst das Leben schwer zu machen, dann ist das gut. Wenn es ein Kind davor bewahrt, zu denken, es sei falsch, weil es leise ist, dann ist das großartig.

Die Wertschätzung für das Stille ist eigentlich ganz einfach. Denn jetzt kommt die gute Nachricht: Introvertierte Familienmitglieder – klein oder groß – sind ein wahnsinniges Glück. Sie besitzen wundervolle Eigenschaften. Sie sind oft großartige Beobachter, kreativ, empathisch und unabhängig. Man kann mit ihnen tiefsinnige Gespräche führen. Viele von ihnen sind extrem gut im analytischen Denken und oft sehr beharrlich. Kurz: Sie werden entgegen all unseren Ängsten gut in dieser Welt zurechtkommen, sie vielleicht sogar ein bisschen zum Besseren verändern, wenn wir sie akzeptieren, wie sie sind. Und sie wissen lassen: Du funktionierst eventuell ein bisschen anders als andere, hast nicht immer Lust auf Gesellschaft und bist nicht ganz so laut. Aber so, wie du bist, bist du genau richtig.

Die Sache mit der falsch zitierten Astrid Lindgren hat mir keine Ruhe gelassen. An den Schluss dieses Vorworts möchte ich deswegen einen Satz stellen, den sie tatsächlich und erwiesenermaßen gesagt hat. Er könnte fast so etwas wie ein Leitsatz für Introvertierte sein, er lautet:

«Freiheit bedeutet, dass man nicht unbedingt alles so machen muss wie andere Menschen.»

Erster Teil.
Das introvertierte Kind

Ein fast normales Kind

«Komm rein, aber bitte tu so, als ob du das Kind nicht sehen würdest.» Mit diesen Worten wurden bei uns zu Hause Anfang der 8oer-Jahre regelmäßig die Gäste begrüßt – Freundinnen meiner Mutter, Familienangehörige und Nachbarn.

Die Menschen reagierten unterschiedlich auf diese Art von Anweisung. Manche nahmen sie einfach hin. Andere konnten ihr Erstaunen darüber nicht verbergen. Die Gäste waren überrumpelt, überfordert, manchmal sogar beleidigt. Wollten das Kleinkind sofort sehen, mit ihm sprechen, es hochheben. Ihm über das Köpfchen streicheln und das kleine Mädchen am liebsten auch auf den Schoß ziehen. Sie hatten Geschenke dabei, die sie überreichen wollten, vielleicht hatten sie Sehnsucht nach glücklichen Kinderaugen, Sehnsucht nach Kontakt. Und da stand nun meine Mutter und bat sie, das Kind zu ignorieren.

Das Kind war ich.

Vielen Gästen fiel es wahnsinnig schwer, der Aufforderung meiner Mutter nachzukommen. Jemanden zu ignorieren, der sich im gleichen Raum befindet wie man selbst: Das fühlte sich unnatürlich an. Manche übergingen deswegen die Warnungen meiner Mutter. Weil sie nicht anders konnten oder nicht anders wollten, begrüßten sie mich freude-strahlend. Keine gute Idee. Hätten sie mal lieber auf meine Mutter gehört! Ich versuchte sofort, mich zu verstecken, schloss die Augen, krabbelte davon oder fing einfach an zu schreien. Lange und ausgiebig, mit rotem Köpfchen und fest geschlossenen Fäusten. Dann waren sie entsetzt, die Gäste. «Ich wollte doch nur …», sagten sie und: «Was ist denn jetzt passiert?»

Aus diesen Episoden wurde dann meist einer dieser Nach-mittage, an denen ein Kind so lange schreit, dass die Erwach-senen, wenn es endlich aufhört, zu erschöpft für weitere Ge-spräche sind.

Empathischere Gäste hielten sich an die Anweisung mei-ner Mutter. In diesem Fall lief der Besuch immer gleich ab: Während die Erwachsenen sich begrüßten, Jacken auszogen, Smalltalk machten, beobachtete ich sie genau. Ich blieb im Zimmer, gab aber keinen Laut von mir. Regungslos versuchte ich, die gesamte Situation in mich aufzusaugen: Wer da eigentlich gekommen war. Wie er sich in unserer Wohnung verhielt. Was er mitgebracht hatte. Wie klang die Stimme, welche Wörter benutzte er, sah er freundlich aus?

Etwa eine halbe Stunde lang stand ich so da, beobachtete den Besucher stumm und reglos. Dann lief ich in mein Zim-mer, schnappte mir einen Bauklotz und warf ihn dem Gast vor die Füße. Das war der Moment, an dem meine Mutter aufatmete. Man konnte sehen, wie diese leichte Anspan-nung von ihr abfiel, wenn sie sagte: «Herzlich willkommen, du hast es geschafft. Du darfst das Kind jetzt auch offiziell bemerken.»

Was dann folgte, waren ganz normale Stunden. Als wäre

nichts gewesen, konnte man sich mit mir unterhalten oder spielen – und mit etwas Glück krabbelte ich dem Besuch sogar auf den Schoß. Fast wie ein normales Kind.

Noch ganz klein, aber schon mit Charakter

Die Idee, Menschen in eher introvertierte und eher extrovertierte Persönlichkeitstypen aufzuteilen, stammt von dem Psychologen Carl Gustav Jung. 1921 brachte er das Buch *Psychologische Typen*[1] heraus, in dem er erstmals festhielt, wie Menschen vollkommen unterschiedlich mit ihrer Umgebung interagieren. Verkürzt gesagt, beschrieb er Introvertierte als Denker, Extrovertierte als Macher. Viele spätere Persönlichkeitstests stützen sich auf seine Erkenntnisse, und fast alle heutigen Standardmodelle der Persönlichkeitsforschung beinhalten seitdem die Begriffe Introvertiertheit und Extrovertiertheit.

Während ich im Deutschland der 8oer-Jahre auserwählten Gästen Bauklötze vor die Füße warf, fragte sich der Entwicklungspsychologe Jerry Kagan[2] in den 7000 Kilometer entfernten USA, inwieweit Babys eigentlich schon eine eigene Persönlichkeit haben. Und ob man wohl daraus Schlüsse auf ihr Leben als Erwachsene ziehen könnte. Ein paar Jahre später, 1989, startete er eine groß angelegte Studie. 500 Babys nahmen teil; viele von ihnen würde er im Laufe der Jahre beim Großwerden begleiten, bis sie erwachsen wären und selbst Babys bekommen würden. Kagan forschte bereits jahrelang über Persönlichkeitsentwicklung und war sich ziemlich sicher, dass schon vier Monate alte Babys individuelle Persönlichkeitsmerkmale erkennen lassen würden. Aus diesen Merkmalen wollte er ablesen, welche Charakterzüge die Säuglinge später eventuell einmal entwickeln würden. Kurz gesagt: Ob ein Mensch eher extrovertiert oder introvertiert ist, müsste man Kagans Vermutung nach schon im Babyalter feststellen können.

Um das zu beweisen, lud er die Eltern mit ihren Kindern in sein Labor ein. Dort setzte er die Kleinen verschiedensten Reizen aus. Er ließ zum Beispiel bunte Mobiles vor ihren Augen tanzen oder Luftballons in ihrer Nähe zerplatzen. Circa zwanzig Prozent der Kinder reagierten auf diese Art von Reizen besonders empfindlich. Sie verzogen ihre Gesichtchen, spannten Arme und Beine an und fingen an zu weinen. Weitere zwanzig Prozent verhielten sich komplett anders: Ihre Körper und Gesichter blieben entspannt, sie lächelten oder verfolgten die Geschehnisse im Raum interessiert. Und dann gab es noch viele Kinder, die je nach Tagesform unterschiedlich reagierten und weder der einen noch der anderen Gruppe eindeutig zuzuordnen waren. Man kann übrigens noch heute Teile der Videoaufnahmen dieser Studie im Internet finden (Kagan selbst ist im Mai 2021 gestorben).

Seine Theorie war, dass die Kinder, die stark und empfindlich reagiert hatten, später eher zu introvertierten, leisen Menschen heranwachsen würden. Die, die gelassen auf die Reize reagierten, würden zum Großteil eher extrovertiert, vermutete er.

In den folgenden Jahren machte Kagan mit den Kindern immer wieder andere Tests. Er ließ sie im Labor neue Menschen kennenlernen, führte ihnen ferngesteuerte Roboter und echte Clowns vor. Er wollte wissen, wie die Kinder auf Unbekanntes reagieren, auf fremde Menschen, auf veränderte Umgebungen. Lächelten sie oder hatten sie Angst? Wollten sie spielen oder wirkten sie eher verschüchtert? Die Wissenschaftler befragten auch die Eltern: Wie viele Freunde hatten die Kinder? Wie verhielten sie sich in einer Gruppe? Lachten sie gern oder waren sie eher ernst?

Viele Jahre später, als aus den Babys Erwachsene geworden waren, traf Kagan sie wieder. Er hatte tatsächlich recht gehabt: Die zwanzig Prozent der Kinder, die damals besonders heftig auf Reize reagiert hatten, waren zu eher introvertierten, leisen und zurückhaltenden Menschen geworden.

Die Ursache hierfür vermutete er im Mandelkern. Dieser Mandelkern, auch Amygdala genannt, spielt eine wichtige Rolle beim Entstehen von Emotionen und ist von Person zu Person unterschiedlich stark erregbar. Besonders in Situationen, die Angst machen. Dazu später mehr.

Kagan bewies also, dass manche Charaktereigenschaften schon als Babys in uns angelegt sind. Wie zum Beispiel der Hang zur Introvertiertheit oder eben Extrovertiertheit. Was seine Studien aber auch zeigten: Die meisten der untersuchten Kinder lagen im Mittelfeld, viele trugen Anteile beider Charaktereigenschaften in sich. Und: Kagan war fest davon überzeugt, dass die Entwicklung unserer Persönlichkeit vor allem dadurch geprägt wird, wie unsere Eltern auf unseren Charakter reagieren. Was kriegen wir gespiegelt? Wofür werden wir gelobt? Welches Verhalten kommt weniger gut an?

Anfang der 8oer-Jahre waren die Regale der Buchhandlungen noch nicht vollgestopft mit Ratgebern über Erziehung.

Eltern, die ihre Erfahrungen mit schlauen Worten auf Instagram teilten, gab es ebenfalls noch nicht. Deswegen tat meine Mutter das, was Generationen von Müttern gemacht hatten: Sie wandte das Prinzip «Versuch und Irrtum» an. So lange, bis sie herausgefunden hatte, wie sie Besuch und Kind miteinander auf die beste Weise vereinen konnte – und auf die Sache mit den Bauklötzen kam. Was genau hinter meinem Verhalten stand, dass ihr Kind introvertiert war und dass diese Charaktereigenschaft den Rest seines Lebens prägen würde – davon wusste sie nichts.

Wie Introvertierte funktionieren

Es ist schon ein paar Jahre her, ich war gerade schwanger mit meiner Tochter, als ich das erste Mal den Text eines introvertierten Mannes im Internet fand. Es war der Essay *Caring for your Introvert*[3] von Jonathan Rauch, geschrieben im Jahr 2003. Er erklärte darin die Gewohnheiten und Bedürfnisse introvertierter Menschen. Diesen Text zu lesen war eine Erleuchtung. Da beschrieb jemand Gefühle, von denen ich jahrelang gedacht hatte, dass niemand sonst auf der Welt sie hätte außer mir! Ich erkannte mich wieder in diesem Text, fühlte mich verstanden. Interessanterweise muss es damals vielen Menschen auf der Welt ähnlich gegangen sein: Jonathan Rauch sagte später einmal, dass er auf keinen der Texte, die er in seinem Leben geschrieben hat, jemals so viel Resonanz bekommen hat wie auf diesen. In einem Interview mit *The Atlantic* erzählte der Autor drei Jahre nach Erscheinen von *Caring for your Introvert* davon, wie viele Mails ihn damals erreicht hatten von Menschen, die sich bedankt hatten. Auch sie hatten sich verstanden gefühlt. Und geahnt, dass sie vielleicht nicht ganz so «anders» sind, wie sie immer gedacht hatten. Dass sie nicht allein sind, sondern es weitere, gar nicht so wenige Menschen auf der Welt gibt, die ähnlich fühlen. Sie teilten den Artikel in sozialen Netzwerken und schickten ihn an Verwandte und Freunde: «Seht her, es gibt etwas, das sich Introvertiertheit nennt – und deswegen bin ich so, wie ich bin.» Im gleichen Interview sagte Rauch, diese schon fast euphorische Reaktion mancher Menschen auf seinen Artikel habe ihn an sein eigenes Empfinden erinnert, als er viele Jahre zuvor seine Homosexualität entdeckt hatte. Er betont, dass keine strukturellen Ähnlichkeiten zwischen Homosexualität und Introvertiertheit bestünden, aber es eben diesen einen Moment gebe, in dem man verstehe, dass man anders sei. Dass es noch mehr Menschen mit den gleichen Gefühlen gebe. Der Moment, in dem man plötzlich merke, dass die Dinge zusammenpassten wie Puzzleteile, und man eine große Erleichterung verspüre.

Auch mir ging es so. Seit ich verstanden habe, dass Introvertiertheit teilweise biologisch vorbestimmt sein kann und wie Introvertierte funktionieren, sehe ich die Welt, mich und meine Mitmenschen mit anderen Augen. So viele Probleme in meinem Leben wurden plötzlich erklärt, so viele Situationen ergaben einen Sinn.

Will man introvertierte Menschen verstehen, ihre Stärken und Schwächen begreifen und ihre Bedürfnisse erkennen, stößt man schnell auf das wichtigste Merkmal, das Introvertierte und Extrovertierte voneinander unterscheidet: die Art, wie sie Energie gewinnen oder verlieren.

Jeder Mensch braucht Energie, um in dieser Welt zu bestehen – aber wir alle gewinnen und verlieren sie auf unterschiedliche Weise.

Introvertierte ziehen ihre Energie aus sich selbst und verlieren Energie beim Austausch mit anderen. Das bedeutet: Sie sind gern allein mit sich und ihren Gedanken, langweilen sich dabei nicht und fühlen sich nur selten einsam. Ein Buch zu lesen, die Ruhe zu genießen, die Natur zu betrachten, kann sie vollkommen ausfüllen. Sie brauchen keine weiteren Reize von außen, um glücklich zu sein, im Gegenteil: Wenn um stille Menschen herum Lärm und Trubel herrscht, sind sie automatisch damit beschäftigt, all diese Eindrücke aufzunehmen und zu verarbeiten. Und das ist es, was sie Energie kostet. Um sich zu erholen, brauchen sie also Ruhe und Zeit allein – eine Tatsache, die auf Extrovertierte befremdlich wirken kann, denn Extrovertierte funktionieren genau anders herum: Sie richten ihre Aufmerksamkeit eher nach außen, gewinnen ihre Energie aus ihrer Umgebung. Sie können gut mit äußeren Reizen wie Lärm umgehen und blühen oft erst dann richtig auf, wenn um sie herum etwas los ist. Wenn sie dagegen allein sind, geht ihnen schneller die Luft aus. Sie fühlen sich uninspiriert, langweilen sich und sehnen sich nach Kontakt zu anderen Menschen. Sie brauchen die Interaktion mit anderen als Antrieb. Aus neuen Eindrücken schöpfen sie Kraft. Sie handeln lieber, statt ewig lang über eine Sache nachzudenken, sind auf den ersten Blick mutiger und entscheidungsfreudiger. Geht es um den Job, lieben sie enge Zusammenarbeit, sie brauchen Diskussionen, um sich inspirieren zu lassen. Sie sind sehr viel stärker als Introvertierte auf andere Menschen angewiesen.

Die Sachbuchautorin und Coach Sylvia Löhken, die auf Introvertierte im Berufsleben spezialisiert ist, hat mehrere Bücher zu dem Thema geschrieben. In *Leise Menschen – starke Wirkung* beschreibt sie die Form der Energiegewinnung von Extro- bzw. Introvertierten mit einem sehr schönen Bild: Sie stellt sich extrovertierte Menschen wie Windräder vor. Wie diese gewinnen sie ihre Energie durch den Anstoß, der von außen auf sie einwirkt. Introvertierte hingegen beschreibt sie als eine Art wiederaufladbare Akkus.

Beweggründe und Bedürfnisse introvertierter Menschen

Im Gegensatz zu extrovertierten Menschen schöpfen Introvertierte also Kraft aus dem Alleinsein. Sie produzieren ihre Energie praktisch selbst. Im sozialen Kontakt verlieren sie sie wieder. Hat man diese Systematik einmal verstanden, wird auch nachvollziehbar, warum Partys, Menschenmassen oder generell zwischenmenschlicher Kontakt von Introvertierten manchmal als anstrengend empfunden werden kann. Da sie aber mit der Zeit gelernt haben, dass die Gesellschaft von anderen sie müde macht, entwickeln sie (bewusst oder unbewusst, je nach Alter) Strategien, um mit ihrer Energie zu haushalten. Kleine Kinder meiden dann zum Beispiel trubelige Spielplätze oder Freibadbesuche.

Jugendliche versuchen, Partys und anstrengende Gespräche zu umgehen.

Die Psychologin Marti Olsen Laney hat mehrere Bücher über die Unterschiede zwischen introvertierten und extrovertierten Menschen geschrieben.[4] Dabei hat sie auf viele wissenschaftliche Erkenntnisse zurückgegriffen, um bestimmte Verhaltensweisen zu erklären, zum Beispiel die Tatsache, dass Extrovertierte über mehr Dopamin verfügen. Dopamin ist ein Botenstoff, der u. a. für Antrieb sorgt, für Neugier, den Wunsch nach Belohnung. Aus diesem Grund tauschen sich Extrovertierte gerne aus, probieren neue Dinge aus, lernen, während sie «machen».

Introvertierte hingegen verfügen über mehr Acetylcholin, ein Botenstoff, der zum Beispiel für Konzentration und Lernen zuständig ist. Sie gehen eher in die innere Kommunikation, denken lieber nach, bevor sie handeln. Auch sonst passiert im Kopf von Introvertierten oft mehr, als wir von außen erahnen können. Sie neigen dazu, leichter als andere Menschen überstimuliert zu sein: Jede kleinste Sinneswahrnehmung zerrt an ihnen, verlangt Aufmerksamkeit, ohne dass sie sich dagegen wehren können. Da das erschöpfend sein kann, brauchen sie häufiger und längere Pausen.

Weil Introvertierte nicht mit jedem und ständig gerne reden, wird ihre zurückhaltende Art manchmal mit Arroganz oder Schüchternheit verwechselt. Dabei genießen auch stille Menschen den sozialen Austausch – nur tun sie es eben auf ihre eigene Art. Sie hören lieber zu, als zu reden, denken über bestimmte Themen lieber lange und alleine nach, bis sie für sich zu einem Urteil gekommen sind, das sie anderen mitteilen wollen. In einem Gruppengespräch beispielsweise empfinden viele von ihnen es als unnötig und anstrengend, sich darstellen und durchsetzen zu müssen. Lieber konzentrieren sie sich auf die anderen. Aufmerksam und still analysieren sie, wer was sagt, wie er es sagt und warum. Am Ende eines Gesprächs haben sie ihre Mitmenschen vielleicht sogar besser kennengelernt als die auffällig agierenden Extrovertierten im Raum.

Gespräche mit Tiefgang, bei denen sie etwas Neues erfahren, lieben Introvertierte in der Regel sehr. Smalltalk allein um des Redens willen hingegen bringt ihnen nichts – außer Energieverlust.

Wie erwähnt, bringt diese Art der Auseinandersetzung mit Menschen und Themen stillen Menschen manchmal den Ruf ein, arrogant zu sein. Bei näherer Betrachtung gibt es für das, was andere «abgehoben» nennen, aber noch einen anderen Grund: Weil stille Menschen die Dinge so sorgfältig durchdenken, sind sie später oft unabhängiger von der Meinung anderer – sie haben sich selbst genug Gedanken gemacht, die Sache von vorne bis hinten durchdrungen und kennen ihren Standpunkt. Sie brauchen sich nicht ständig zu vergewissern, was andere denken. Das kann auf Menschen, die viel Rückkopplungen gewohnt sind, verwirrend wirken – oder eben arrogant.

Entgegen manchen Behauptungen hassen Introvertierte andere Menschen also nicht. Aber sie brauchen sie auch nicht unbedingt zum Glücklichsein. Sie können sehr gut Zeit mit sich allein verbringen. Beim Lesen, Denken, Spazierengehen. Dadurch schaffen sie in ihrem Kopf ein reiches Innenleben und produzieren dabei ungewöhnliche Ideen. Sie versinken stundenlang in Hörspiele, hegen und pflegen ihre Pflanzen oder entwickeln komplizierte Strickmuster. Sie malen, programmieren oder denken sich Geschichten aus. Stille Menschen können sich sehr lange mit sich selbst beschäftigen, ohne dass ihnen dabei langweilig wird – oder sie sich einsam fühlen.

Häufig wird von Introvertierten auch angenommen, sie seien depressiv, weil sie weniger kontaktfreudig sind, sich gerne zurückziehen, manchmal verschlossen wirken. Ich will nicht behaupten, dass es keine depressiven Introvertierten gibt, aber nicht jeder Introvertierte ist depressiv. Sicher ist allerdings: Introvertierte haben das starke Bedürfnis nach Ruhe und Zeit zur Verarbeitung von Eindrücken und Situationen. Wenn dieses Bedürfnis über längere Zeit nicht erfüllt wird, weil das Umfeld zu laut, zu hektisch, zu extrovertiert ist, wird es schwierig: Arbeiten Introvertierte beispielsweise in einer Umgebung, die ihrem Ruhebedürfnis komplett entgegenstehen, wird das wahrscheinlich irgendwann körperliche oder seelische Spuren hinterlassen. Das kann ich auch deswegen sagen, weil ich selbst eine Introvertierte bin, die aus oben genannten Gründen depressiv wurde – doch dazu später mehr.

Es gibt übrigens Introvertierte, die sehr gut darin sind, so zu tun, als wären sie Extrovertierte. Sie haben jahrelang beobachtet, wie andere Menschen sich in bestimmten Situationen verhalten und ahmen es sehr geschickt nach – weil sie wissen, was von ihnen erwartet wird. Weil sie es vielleicht selbst von sich erwarten. So ist es sehr gut möglich, dass ein eigentlich stilles Kind in bestimmten Situationen sehr laut werden kann, wenn ihm das Thema wichtig genug erscheint oder es weiß, dass es für einen Moment seine Komfortzone verlassen muss, um zum Beispiel für eine gute Note zu kämpfen oder einen gemobbten Mitschüler. Insofern sind Introvertierte nicht immer sofort als solche zu erkennen. Aber dieses Verhalten strengt sie mehr an als andere, und wenn ein introvertiertes Kind vom Kindergarten abgeholt wird, wo es acht Stunden lang versucht hat, sich in eine Gruppe einzufügen, braucht es eine Erholungspause genauso wie ein introvertierter Teenager, der aus der Schule oder von einer Party nach Hause kommt.

Interessant ist auch das hohe Sicherheitsbedürfnis – zumindest kenne ich das von mir selbst und aus Erzählungen anderer. Oft sind introvertierte Kinder vorsichtiger und ängstlicher, als es ihren Eltern lieb ist. Das kann für Eltern, Erzieher, Lehrerinnen oder Freunde anstrengend sein, wenn man den Grund für diese Zurückhaltung nicht kennt. Ich selbst war als Kind nahezu panisch darauf bedacht, dass alle meine Liebsten in Sicherheit sind. Meine Mutter war oft genervt, wenn ich mich buchstäblich an ihren Rockzipfel klammerte oder als Teenagermädchen am liebsten an ihrer Hand ging. Dieses starke Bedürfnis nach Sicherheit hat allerdings auch Vorteile: Ich erinnere mich noch an einen Frankreichurlaub vor vielen Jahren, ich muss um die acht Jahre alt gewesen sein, da bemerkte ich einen Mann, der uns folgte. Wir liefen von einem Restaurant in unsere Ferienwohnung, meine Mutter vollkommen vertieft in das Gespräch mit einer Freundin. Der Mann folgte uns mit dem Auto, hielt immer wieder an, ließ uns überholen. Keiner außer mir bemerkte das. Irgendwann fasste ich mir ein Herz und machte meine Mutter darauf aufmerksam. Sie rief sofort die Polizei. Ich habe diese Situation vielleicht auch deswegen nie vergessen, weil ich damals abgespeichert habe: Ich bin oft vorsichtiger als andere. Das kann manchmal nerven. Und manchmal ziemlich nützlich sein.

Hier kommt wieder der Mandelkern ins Spiel. Zur Erinnerung: Er ist dazu da, Informationen von außen aufzunehmen und zu bewerten. Vereinfacht gesagt ist es der Job des Mandelkerns, zu sagen: «Oh, da vorne steht ein Löwe, das könnte gefährlich werden, ich melde mal besser Angst an.» Er hat also einen ziemlich wichtigen Job, denn ohne Angst und Vorsicht würde der betreffende Mensch bald gefressen werden. Forscher und Psychologen wie Kagan gehen davon aus, dass der Mandelkern bei Introvertierten oft intensiver als bei anderen Menschen auf eintreffende Signale reagiert. Das kann immer noch nützlich sein, zum Beispiel wenn der Mandelkern signalisiert: «Oh! Hier riecht es komisch … Das letzte Mal, als es so gerochen hat, war ein Löwe in der Nähe, ich melde mal vorsorglich Angst an.» Schwierig wird es allerdings, wenn der Mandelkern so empfindlich reagiert, dass er in ungefährlichen Situationen vorschnell anschlägt: «Oh! Da vorne läuft ein Dackel! Ich melde mal Angst an.»

Das ist dann anstrengend – an erster Stelle für die Betroffenen, aber auch für ihr Umfeld.

Das Gegenteil ist übrigens ein schwer erregbarer Mandelkern, der eher folgendermaßen auf eine Gefahr reagieren würde: «Oh, ein Löwe. Wie interessant. Das schaue ich mir mal genauer an.» Man kann sich vorstellen, dass evolutionsbedingt beide Ausprägungen ihre Daseinsberechtigung haben, zu krasse Ausschläge in die eine oder die andere Richtung allerdings zum Aussterben unserer Spezies geführt hätten.

Wenn ich an diese eine Situation in Frankreich vor vielen Jahren denke, bin ich jedenfalls sehr dankbar für meinen verlässlich erregbaren Mandelkern.

Dennoch ist der Wunsch nach extrovertierten Kindern momentan groß in unserer Gesellschaft. Rein biologisch ist er aber unsinnig – das zeigt eine Reihe von Studien, die Susan Cain in ihrem Buch *Still* beschreibt, darunter die Arbeit des Evolutionsbiologen David Wilson: In einen Teich mit Sonnenbarschen setzte er Fallen. Ein Teil der Fische war neugierig, untersuchte die Fallen und wurde entsprechend schnell gefangen. Aus evolutionsbiologischer Perspektive legten sie also eher kein schlaues Verhalten an den Tag. Der andere Teil der Fische hielt sich vorsichtig am Rand auf und blieb so in Freiheit. Bis hierhin ist ziemlich offensichtlich, wer die bessere Strategie verfolgte. Dann aber änderte sich für die Sonnenbarsche die Umgebung: Wilson nahm sie alle mit in sein Labor, die neugierigen und die vorsichtigen. Interessanterweise fingen die neugierigen fünf Tage eher wieder an zu fressen als die vorsichtigen. Evolutionsbiologisch betrachtet waren nun sie im Vorteil.

Die Schlussfolgerung aus dieser und ähnlichen Studien lautet: Kein Verhaltensmerkmal ist einfach *nur* schlecht oder *nur* gut für das Überleben eines Tieres. Jedes Merkmal hat Vor- und auch Nachteile. Je nachdem, in welcher Situation sich das Tier gerade befindet, variiert also seine Überlebenschance. Das Ganze nennen Wissenschaftler die «Ausgleichstheorie der Evolution».

Studien beweisen also, dass es evolutionsbiologisch für die Erhaltung und Weiterentwicklung der Arten sinnvoll ist, verschiedene Temperamente hervorzubringen. Jedes Lebewesen hat seine ganz eigene Berechtigung. Susan Cain schreibt: «Wie es auch für andere Komplementärpaare gilt – männlich und weiblich, Ost und West, liberal und konservativ –, wäre die Menschheit ohne beide Persönlichkeitstypen nicht dieselbe und erheblich verarmt.»[5]

Das ist mir an dieser Stelle wichtig zu betonen: Mein Buch thematisiert introvertierte Kinder und ihre Eltern, ihre Schwächen und ihre Stärken. Allerdings möchte ich damit nicht andere Charakterzüge abwerten. Jeder ist, wie er ist, und ist gut so – die Anerkennung dieses Grundsatzes und die Vermittlung zwischen beiden Persönlichkeitstypen liegt mir besonders am Herzen. Denn für extrovertierte Persönlichkeiten ist die Lebenswelt der Introvertierten manchmal schwer nachzuvollziehen: Dass stille Menschen nicht auf sie angewiesen sind, wirkt auf sie irritierend. Je extrovertierter ein Elternteil ist, desto schwerer wird es sein, das introvertierte Kind in seinen Bedürfnissen zu verstehen und zu unterstützen. Hier möchte ich ansetzen: Das Buch soll den Extrovertierten helfen, die Welt mit den Augen der Stillen zu sehen, zu verstehen, dass es manchmal vernünftig sein kann, die Dinge noch einmal zu hinterfragen, statt sich einfach ins Abenteuer zu stürzen. Und es soll den Introvertierten hier und da zeigen, dass die meisten Dackel nicht beißen.

Ist mein Kind vielleicht einfach nur schüchtern? Oder hochsensibel?

Schüchterne Menschen haben häufig Angst vor dem Urteil ihrer Mitmenschen. Sie befürchten, nicht gemocht zu werden, etwas falsch zu machen oder sich zu blamieren. Das ist in der Regel nicht das, womit introvertierte Menschen zu kämpfen haben: Introvertierte haben nicht unbedingt Angst vor dem Urteil anderer. Im Gegenteil, oft sind sie, wie ich bereits ausgeführt habe, unabhängiger von äußeren Meinungen, haben weniger Angst sich zu blamieren, brauchen aber weniger soziale Interaktion und ziehen sich öfter zurück. Das lässt Außenstehende annehmen, sie seien schüchtern.

Trotzdem gibt es natürlich auch schüchterne Introvertierte. Bei niemandem ist eine Charaktereigenschaft zu hundert Prozent ausgeprägt. Wir alle besitzen unterschiedliche Persönlichkeitsfacetten, die je nach Situation oder Stimmung und abhängig von den uns umgebenden Menschen verstärkt zum Tragen kommen – oder eben nicht.

In dem Zusammenhang ist es wichtig zu wissen, dass Experten davon abraten, Kinder in Gegenwart anderer «schüchtern» zu nennen. Lernt ein Kind zum Beispiel neue Leute kennen und versteckt sich im ersten Augenblick hinter den Eltern, hört es vielleicht öfter mal die Worte – bisweilen sogar mit einem leicht genervten Unterton: «Jetzt sei doch nicht so schüchtern!» Das Kind wird ziemlich schnell merken, dass sein anfängliches Zögern, seine intuitive Zurückhaltung nicht erwünscht sind. Es lernt dadurch, dass Zurückhaltung anscheinend nichts Gutes ist und es seinen natürlichen Impuls ignorieren sollte. Sätze wie diese Aufforderung sind also bedenklich für die Entwicklung des Kindes, denn es bekommt von seinen Eltern signalisiert, es solle bestimmte Gefühle lieber nicht haben oder zumindest nicht zeigen. So verlernt es mit der Zeit, auf sein Bauchgefühl zu hören, wenn es sich in unangenehmen Situationen befindet. Das ist fatal, denn, um es ganz klar zu sagen: Wer seinem Kind von Anfang an erlaubt, auf seine Gefühle zu hören und Nein zu sagen, schützt es besser vor Missbrauchserfahrungen.

Diese Regel gilt natürlich für alle Kinder, nicht nur für die Stillen: Wenn ein Kind nicht auf den Arm der Tante möchte, nicht von der Freundin gestreichelt werden will oder dem Besuch den Gutenachtkuss verweigert, ist das nichts, für das man es kritisieren sollte. Auch ist es nicht ratsam, die Situation herunterzuspielen mit dem Hinweis, dass Kind sei eben leider schüchtern oder zurückhaltend. Im Gegenteil, besser wäre es, sein Verhalten zu akzeptieren und ab und an sogar loben: Schließlich hat das Kind seine eigenen Gefühle erkannt und beschlossen, sich dafür einzusetzen, nichts tun zu müssen, was ihm widerstrebt – das ist, vor allem gegenüber Erwachsenen, ein großer Schritt.

Die Organisation PETZE (www.petze-institut.de) setzt sich für Prävention von sexueller Gewalt ein. Wichtigste Botschaften, um Kindern beizubringen, ihre Grenzen aufzuzeigen, lauten der Organisation zufolge unter anderem:

- Mein Körper gehört mir und ich darf darüber bestimmen.
- Meine Gefühle sind richtig und ich kann ihnen vertrauen.

Natürlich soll ein Kind lernen, Menschen ordentlich zu begrüßen oder zu verabschieden. Aber je kleiner es ist, desto länger kann man ihm seinen natürlichen Schutzinstinkt lassen und es nicht dafür kritisieren. Denn im schlimmsten Fall trainiert es sich so seine natürlichen Alarmglocken in Bezug auf Fremde ab.

Introvertiertheit von Hochsensibilität abzugrenzen ist schon ein bisschen schwieriger. Als hochsensibel bezeichnet man Menschen, die extrem empfindsam auf äußere Einflüsse reagieren und besonders oft reizüberflutet sind.

«Alle Sinneskanäle sind permanent offen, die Reize gehen ungefiltert durch. Es gibt keinen Spamfilter»[6] – so beschreibt es Maria Anna Schwarzberg in ihrem Buch *Proud to be Sensibelchen* über Hochsensibilität.

Insofern findet man ähnliche Persönlichkeitsmerkmale bei hochsensiblen und introvertierten Menschen, und es gibt viele introvertierte Hochsensible. Untersuchungen der amerikanischen Psychologin Elaine Aron lassen vermuten, dass etwa 70 Prozent aller Hochsensiblen auch introvertiert sind. Man ist als Introvertierter mit empfindlichem Mandelkern ja auch geradezu dafür prädestiniert, hochsensibel auf Reize zu reagieren.

Die Meinungen zu dem Thema gehen allerdings auseinander: Elaine Aron hat im Laufe ihres Lebens unzählige Interviews zum Thema Hochsensibilität geführt und mehrere Studien dazu geleitet. Sie betont ausdrücklich, es gebe auch extrovertierte Hochsensible. Dafür setzte sie die Probanden Reizen wie Hunger, Launen anderer Menschen oder akustischen Signalen aus. Das Ergebnis: Nicht alle Introvertierten

waren hochsensibel. Allerdings verhielten sich viele Hochsensible eher introvertiert, um einer Überstimulation zu entgehen.

Persönlich kenne ich viele Menschen, die starke Merk-
male von Introvertierten tragen und trotzdem gut mit Reizen
klarkommen: Sie hören zum Beispiel laute Rockmusik oder
daddeln stundenlang auf der Spielekonsole, ohne überreizt
zu werden.

Auch hier gilt also: Wichtig ist es, das Kind in seiner Individualität zu sehen und es nicht in Schubladen zu stecken.

Viele Menschen werden sich oder ihr Kind bis hierhin wie-
dererkannt haben. Wer noch ein bisschen besser einschätzen
möchte, wo er oder sein Kind sich im Spektrum zwischen Introvertiertheit und Extrovertiertheit befindet, für den habe
ich im Folgenden noch mal zusammenfassend einige Kriterien für Introvertiertheit aufgelistet. Je mehr man sein Kind
– oder sich selbst – in diesen Punkten wiedererkennt, desto
mehr bewegt man sich wahrscheinlich in der Welt der leisen
Menschen. Das Kind (oder man selbst) …

- beobachtet gern
- ist gern allein
- erscheint oft in sich gekehrt
- hat nicht viele Freunde, sondern nur ein oder zwei
- hält sich in großen Gruppen lieber im Hintergrund
- sieht oft ernst aus
- kann lange und sehr konzentriert an einer Sache arbeiten
- macht sich viele Gedanken
- hat manchmal Angst vor Dingen, die anderen alltäglich
  erscheinen

- reagiert empfindlich auf Lautstärke und andere Reize
- braucht lange Erholungsphasen
- ist sehr kreativ
- ist schnell erschöpft, wenn es unter Leuten ist
- hat spezielle Interessen, denen es sich gerne stundenlang hingebungsvoll widmet.

Ich wünschte, ich hätte all das Wissen aus diesem Kapitel schon viel früher gehabt. So viele Dinge in meinem Leben ergaben erst Sinn, nachdem ich endlich verstanden hatte, dass Introvertiertheit und alles, was dieses Persönlichkeitsmerkmal mit sich bringt, völlig natürlich sind. Etwas, mit dem man leben kann, und nichts, was man krampfhaft verstecken oder weswegen man sich verbiegen muss. Erst im Alter von 35 Jahren habe ich verstanden, warum ich es als kleines Kind so gehasst habe, wenn sich fremde Menschen über mich in meiner Kinderkarre beugten und ich keine Chance hatte, mich abzuwenden. Warum ich als Kleinkind jeden Morgen mit Bauchschmerzen in den riesigen Kindergarten gegangen bin. Und warum ich plötzlich richtig gerne hingegangen bin, nachdem ich in einen ruhigeren, kleineren Kindergarten verpflanzt wurde. Warum ich nach der Schule lieber allein in meinem Zimmer Bücher las, anstatt mit den anderen an den See zu fahren. Warum ich einen kreativen Beruf gewählt habe. Und warum ich in diesem Beruf dann doch nicht glücklich wurde.

Ich wünschte, nicht nur ich, sondern auch meine Mutter hätte all dieses Wissen gehabt, als sie damals mit angespannter Miene darauf wartete, dass ich meinen ersten Bauklotz schmiss.

Die Dinge sind, wie sie sind. Ich musste eben selbst ausprobieren, wie ich mich in dieser Welt am besten zurechtfinde, das müssen wir schließlich alle. Was allerdings heute besser ist als damals: Die Gesellschaft ist nun offener für verschiedenste Aspekte von Elternschaft. Die Art, wie wir erziehen, hat sich gewandelt. Es gibt so viel mehr Forschung auf diesem Gebiet, so viel mehr Bücher, die Familien mit unterschiedlichsten Bedürfnissen weiterhelfen können.

In den nächsten Kapiteln will ich sowohl allen Eltern von stillen Kindern, als auch denjenigen Eltern, die selbst in sich gekehrter sind, ein paar Werkzeuge an die Hand geben, Tipps und Tricks, mit denen ich mein Leben als introvertierter Mensch meistere.

Mein Leben ist sehr viel einfacher geworden, seit ich weiß, was ich brauche.

Und trotzdem: Auch heute noch wünsche ich mir ab und zu eine Welt, die mich ignoriert und der ich dann, wenn ich so weit bin, einen Bauklotz vor die Füße schmeißen kann.

Stillere Kinder
in unserer heutigen Gesellschaft

Es war der erste Sommer, in dem die ganze Welt wegen eines Virus Kopf stand. Es war der Sommer, in dem wir merkten, wie unsicher unsere Welt war. Und es war der Sommer, in dem ich den Vertrag zu einem Buch über introvertierte Kinder unterschrieb.

Ich lag mit einer Freundin auf dem Bett, unsere Kinder konnten wir vom Schlafzimmer aus beobachten. Sie sind exakt gleich alt, genauso alt wie unsere Freundschaft. Sie spielten zusammen im Planschbecken, das wir auf dem Balkon aufgestellt hatten. Es waren die heißesten Tage dieses seltsamen Sommers.

Die Freundin und ich hatten uns im Geburtsvorbereitungskurs kennengelernt, eine große Runde aufgeschlossener Großstadtpaare, die ihr erstes Kind erwarteten. Alle nett, alle freundlich. Aber die Frau neben mir war die einzige, die nicht schon in der Vorstellungsrunde ihre Welt zuckerwattegleich beschrieben hatte. Die auch mal alleine zum Kurs kam, weil sie sich mit dem werdenden Vater gestritten hatte, und das offen erzählte. Ich lächelte still und wissend in mich hinein. Die anderen Mütter fassten sich beklommen an die Herzen über ihren riesigen Bäuchen.

Diese Frau ist meine Freundin geworden, weil sie anders ist, ehrlich und direkt. Aber auch, weil sie zuhören kann und ziemlich genau überlegt, bevor sie etwas sagt. Sie besitzt viele Eigenschaften, die Introvertierte zu schätzen wissen.

Und so lagen wir nun also an diesem Sommertag zusammen auf dem Bett, und ich erzählte von meinem Buchvertrag. Von dem Thema, das ich so viele Jahre mit mir herumgetragen hatte und das ich nun endlich in geordnete Kapitel gießen konnte. Ich erklärte ihr, wie das ungefähr funktionierte mit den Introvertierten. Vor allem erzählte ich von diesem schrecklichen Gefühl, das so viele Introvertierte aus ihrer Kindheit mit ins Erwachsenenalter genommen haben: dass sie so, wie sie sind, nicht richtig, nicht gut genug sind. Dass es sich dann wie eine Erlösung anfühlt, wenn sie begreifen, dass sie nicht falsch sind – und nicht allein.

Meine Freundin hörte aufmerksam zu, so, wie sie es immer tut, und sagte dann etwas für mich sehr Überraschendes. Sie sagte, dass diese Beschreibungen sie an ein Gefühl erinnerten, das sie ihr ganzes Leben lang schon habe. Nicht, weil sie introvertiert ist. Sondern weil sie Schwarz ist. Dass sie das Gefühl, nicht wirklich dazuzugehören, sich immer ein bisschen ausgegrenzt zu fühlen, gut kenne. Aber dass sie nie richtig hatte fassen und beschreiben können, was das Problem war. Erst nach der Rassismusdebatte dieses Sommers habe sie gelernt: Dieses Gefühl, nicht gut genug, nicht gleich genug zu sein, anders zu sein, war ihr auf subtile Weise von klein auf gezeigt worden. Sie war niemals offen ausgegrenzt worden, niemand hatte sie beschimpft oder beleidigt. Aber im Kindergarten hatten die Kinder beim Malen von Gesichtern immer nach «Hautfarbe» gefragt – und Beige damit gemeint. Nicht Braun. Das, so erzählte meine Freundin, war ein seltsames Gefühl, für das sie keine Worte gefunden habe. «Normale» Hautfarbe war anscheinend beige. Ihre Haut aber war braun. Sie gehörte offensichtlich nicht zur Norm. Ohne, dass jemand sie offen ausgegrenzt hatte, wurde ihr gezeigt, dass sie anders war.

Ich möchte die Erfahrungen, die stille Kinder machen, nicht mit den rassistischen Erfahrungen gleichsetzen, die zum Beispiel Menschen mit nichtweißer Hautfarbe leider heute immer noch jeden Tag machen. Aber ich möchte zeigen, was es mit kleinen Menschen macht, wenn sie das Gefühl vermittelt bekommen, nicht in diese Gesellschaft zu passen. Wenn sie denken: «Ich bekomme so oft von anderen signalisiert, dass was mit mir nicht stimmt. Also muss es wohl wahr sein.» Es verankert, ganz tief im Innern, ein Gefühl des Selbstzweifels.

Tausend kleine Mückenstiche

Mikroaggressionen sind, wie das Wort schon denken lässt, winzige übergriffige Bemerkungen oder auch Fragen, die gegenüber anderen geäußert werden – manchmal aus Boshaftigkeit heraus, ziemlich oft aus Unwissenheit. Laut Wikipedia kann das Konzept auf marginalisierte Gruppen aller Art angewandt werden, meiner Meinung nach also auch auf Introvertierte. Mikroaggressionen sind gerade deshalb so schrecklich, weil man sie oft nicht richtig benennen kann. Aber man spürt, wie sie einen Stück für Stück zermürben.

Die Geschichte mit den Stiften, die im Kindergarten meiner Freundin «Hautfarbe» genannt wurden, ist nur ein Beispiel von vielen. Ich will einige weitere geben, weil diese Mikroaggressionen je nach betroffener Gruppe sehr unterschiedlich aussehen können und manchmal leider ziemlich schwer zu erkennen sind. Eine klassische rassistische Mikroaggression könnte zum Beispiel der folgende Satz eines weißen Menschen zu einem Schwarzen Menschen sein: «Du sprichst aber gut Deutsch.» Das soll sich nach einem Kompliment anhören, ist vielleicht sogar auch so gemeint, impliziert aber eigentlich: «Ich wundere mich, dass du meine Sprache so gut sprichst, denn wenn ich deine Hausfarbe sehe, schließe ich daraus, dass du keine Deutsche sein kannst und eigentlich nicht hierhergehörst.»

Mikroaggressionen müssen aber auch keine ganzen Sätze sein. Es können hochgezogene Augenbrauen oder ein spöttisches Grinsen sein, wenn der Betroffene etwas gesagt hat. Oder ein Ignorieren, wenn er in den Raum kommt. Ein Ins-Wort-Fallen. Alles winzige Verhaltensweisen, die verletzen. Auf ganz subversive, kaum zu benennende Weise.

Abgeschwächte, aber ähnliche Mikroaggressionen erleben auch introvertierte Kinder oft. Zum Beispiel, wenn Erwachsene sie fragen, warum sie denn immer so schüchtern sind. Oder wenn jemand bemerkt: «Alle spielen so schön miteinander, nur du stehst da allein und schaust zu.» Oder wenn die Eltern mit den Augen rollen, weil das stille Kind nach einer Stunde schon wieder nach Hause will, obwohl sich die ganze Familie so auf das Straßenfest gefreut hat.

Es sollte uns bewusst sein, dass all diese Reaktionen menschlich sind, wir haben alle Gefühle, die wir nicht ständig kontrollieren können. Aber wir sollten uns auch bewusst machen, was wir stillen Kindern antun, wenn wir ihnen die ganze Zeit den Eindruck vermitteln, sie seien auf eine gewisse Art «falsch». Es fühlt sich nicht an wie ein Bienenstich, der einmal beim Stechen wehtut und dessen Schmerz dann langsam nachlässt und verschwindet. Sondern wie ein permanentes leichtes Piesacken Hunderter Mücken, jeden Tag ein paar Stiche, bis irgendwann alles anfängt zu jucken und man am liebsten aus der Haut fahren will.

Die großartige Susan Cain hat es in ihrem Buch *Still* so beschrieben: «Sind Sie introvertiert, wissen Sie auch, dass die Voreingenommenheit gegen alles Stille einen tiefen Schmerz hervorrufen kann. Als Kind haben Sie vielleicht zufällig mitangehört, wie Ihre Eltern sich für Ihre Schüchternheit entschuldigt haben … Oder vielleicht wurden Sie in der Schule aufgefordert, aus ihrem Schneckenhaus herauszukommen – eine boshafte Formulierung, die nicht gelten lässt, dass gewisse Menschen so wie auch bestimmte Tiere von Natur aus immer einen Schutz mit sich herumtragen.»[7]

Wie die Welt lauter wurde

Susan Cain erläutert in ihrem Buch außerdem, woher diese gesellschaftliche Abneigung gegen in sich gekehrte Menschen kommt. Sie erklärt den Run auf alles Extrovertierte mit den Anfängen der Industrialisierung. In dem Moment, in dem Menschen begannen, in große Städte zu ziehen, verließen sie ihr gewohntes Umfeld und jahrzehntelang gewachsene familiäre Strukturen. Weil die Industrialisierung unendlich viele neue Produkte und Dienstleistungen hervorbrachte, wurden die Menschen nun zu Verkäufern und Vertretern. Um beruflich, aber auch privat Erfolg zu haben, wurde es plötzlich wichtig, nicht in der anonymen Masse unterzugehen, sondern wahrgenommen zu werden. Dieser Zwang zur Vermarktung der eigenen Persönlichkeit prägte das Leben der Menschen spätestens um 1920 herum tief. Im Arbeitsleben musste man auf einmal auf eine ganz neue Art überzeugen – und durfte nicht überhört werden. Das Stück *Tod eines Handlungsreisenden* von Arthur Miller, dem in der Schule viele Menschen meiner Generation begegneten, beschreibt den damals erstmals aufgetauchten Druck der Arbeitswelt eindringlich. An einer Stelle sagt Dustin Hoffman in der Rolle des alternden, todunglücklichen Handlungsreisenden in dem gleichnamigen Film zu seinem Sohn: «Tritt gleich mit einem Lacher auf, sei nicht so bedrückt, reiß ein paar gute Witze, um die Stimmung anzuheizen. Es kommt nicht darauf an, was du sagst, sondern wie du es sagst. Nur Persönlichkeit zählt im Geschäft.» Am Ende des Films begeht er bekanntermaßen Selbstmord.

Auch die Art und Weise, wie sich Beziehungen anbahnten, veränderten sich. Sie wurden nicht mehr nur aus pragmatischen Gründen geschlossen, d. h. wegen der Mitgift bzw. aus politischen Erwägungen oder weil man eben im gleichen Dorf wohnte. Es war wichtig, etwas darzustellen, etwas erreicht zu haben, unterhaltsam zu sein. Besonders für das andere Geschlecht. Erwartungen an Kinder und die damit verbundenen Erziehungsmethoden änderten sich. Früher war das ideale

Kind brav und wohlerzogen, gehorsam, gut in der Schule und ansonsten unauffällig. Man wünschte sich, dass aus den Kindern «etwas werden» würde, dass sie es einmal besser haben, gesellschaftlich den Aufstieg schaffen würden. Und damals bedeutete das eben, viel zu lernen, sich gut zu benehmen, sich anzupassen, um sich dann später reibungslos in die Gesellschaft einfügen zu können.

Mit den Jahren veränderte sich der Anspruch an Menschen und somit an Kinder immer mehr. Kinder sollten nun zu kleinen Persönlichkeiten werden.

Nicht zufällig begann zeitgleich die Stunde der großen Filmstars. Zum ersten Mal wurden von den Studios in Hollywood Stars erschaffen, mit (angeblichen) Persönlichkeitsmerkmalen versehen und vom Volk vergöttert. Audrey Hepburn, in den 50er- und 60er-Jahren eine der großen Filmschauspielerinnen, sagte damals über das Business: «Schauspielerei ist ein netter, kindischer Beruf – man gibt vor, jemand anderer zu sein, und gleichzeitig verkauft man sich.»[8]

In den 60er-Jahren wurden zurückhaltende Menschen in verschiedensten Teilen der US-amerikanischen Gesellschaft geradezu diskriminiert, wie Susan Cain schreibt. In der Werbung beispielsweise, die früher damit ausgekommen war, die Produkte in den Vordergrund zu stellen, zeigte man jetzt gerne niedergeschlagene, erfolglose Menschen, die dann dank eines bestimmten Produkts wieder an Selbstwertgefühl und Anerkennung gewinnen. Ein Phänomen, das auch in Deutschland zu beobachten war: Der Historiker Alexander Schug veröffentlichte 2010 eine Dissertation zur Geschichte der Wirtschaftswerbung von 1918 bis 1945. Schug beschäftigt sich darin mit den Einflüssen der Werbung auf den Alltag und die Kultur der Deutschen. Er schreibt: «Die äußeren gesellschaftlichen Entwicklungen zogen laut Tönnies eine spezifische Denkart nach sich, die der eigentlichen, grundlegenden Mentalität oder der Seele der Menschen widersprach, diese schließlich alle zu Kaufmännern machte [...] Das Leben werde als Beruf betrieben oder schlimmer noch: Es werde zum Geschäft; das Individuum war zur Selbstvermarktung gezwungen [...] Daraus kann der Schluss gezogen werden, dass das Verkaufen und das Sich-Verkaufen – somit auch die Werbung – als ein Phänomen erfahren wurde, das Auswirkungen bis hin zur privaten Selbstinszenierung hatte.»[9]

Es ging also darum, die Menschen durch die Werbung zum Kauf von Produkten zu bewegen, indem man ihnen eine Notwendigkeit zur Selbstinszenierung suggeriert: Sei erfolgreich, selbstbewusst, glücklich – und strahle das auch aus! Heute funktionieren Werbebotschaften mitunter subtiler, aber auch mir ist ein Werbefilm aus den 8oer-Jahren in Erinnerung geblieben, der nach einem ähnlichen Muster funktionierte: Das Multivitaminpräparat *Sanostol* wurde damals mit einem Kind beworben, das melancholisch am Fenster sitzt und den anderen Kindern beim Spielen zusieht. Ein Zustand, der anscheinend den Eltern Anlass zur Sorge geben sollte. Erst, nachdem das Kind *Sanostol* bekommen hat, kehrt seine Lebensfreude zurück, und es rennt zu den anderen Kindern nach draußen, um sich deren Spiel anzuschließen. Interessanterweise erinnert sich auch mein Mann an diese Werbung – und es ist zu einer Art Running Gag zwischen uns geworden, dass er jedes Mal, wenn ich mit nachdenklicher Miene irgendwo sitze, im Vorbeigehen diesen nervigen Werbeslogan aus den 80er-Jahren summt: «Sa-nos-tol.»

Die Vorstellung davon, wie sich glückliche und erfolgreiche Menschen zu verhalten haben, spiegelte sich auch im Arbeitsleben. Großraumbüros, früher mal erfunden, um Platz und Geld zu sparen, wurden in den 80er-Jahren wiederentdeckt. Mit ihren kurzen Wegen und wenigen Barrieren versprachen sie mehr Kommunikationsmöglichkeiten unter Mitarbeitern. (Spoiler: Eine Studie der Harvard Business School zeigte im Jahr 2018, dass Großraumbüros die Kommunikation unter Mitarbeitern sogar eher bremsen.[10] Wenn Mitarbeiter aus kleineren Büros in Großraumbüros umziehen, so fand man heraus, sprachen die Angestellten rund 70 Prozent weniger miteinander als vor dem Umzug. Was hingegen zunahm, war die Kommunikation via Mail und Messenger-Dienste.)

Und auch sonst veränderte sich der Fokus im Arbeitsleben. Beate Segbers, Unternehmensberaterin aus Berlin, erzählt mir im Interview: «Als ich in den 80er-Jahren anfing, als Unternehmensberaterin für Organisationen in Deutschland zu arbeiten, gab es in den sogenannten Assessment-Centern (einem Auswahlverfahren für Führungskräfte) furchtbare Aufgaben für die Bewerber und Bewerberinnen: Ein krasses Beispiel dafür war das Rollenspiel ‹Der Ballon sinkt›. Bei dieser Aufgabe mussten sich mehrere Bewerber und Bewerberinnen in einen imaginären Heißluftballon stellen und dann wurde gesagt: ‹Der Ballon sinkt, Ihre Aufgabe ist es jetzt, zu argumentieren, warum Sie drinbleiben dürfen und andere rausgeschmissen werden.›

Im Verlauf dieses Rollenspiels kam es zu brutalen und

verletzenden Argumentationen – heute würde das so nicht mehr gemacht werden. Damals jedoch waren solche Übungen durchaus üblich. Personalentwickler hatten die Vorstellung, sie bräuchten für ihre Führungspositionen lediglich die harten, lauten, durchsetzungsfähigsten Bewerber. Die leisen, länger Nachdenkenden sind damals eben oft als Erste aus dem Ballon geflogen. Man kann sich vorstellen, wie diese Art von Auswahl sich auch auf die Firmenkulturen der damaligen Zeit ausgewirkt hat. Denn natürlich haben die so ausgesuchten Manager ihren Führungsstil auch unter ihren Mitarbeitern etabliert. Da war die Botschaft: Wenn du nur laut und selbstbewusst genug auftrittst, kannst du alles schaffen. Alles Leise, Zurückhaltende und Nachdenkliche wurde negativ bewertet. Wichtig war nur, an sich selbst zu glauben und das auch nach außen zu kommunizieren. Menschen trafen sich zu Tausenden, um gemeinsam mit irgendeinem Guru zu singen, zu tanzen und im Chor seine vorgegebenen Sinnsprüche zu wiederholen. Auch in Deutschland gab es damals nicht wenige Manager, die «Tschakka» schreiend über glühende Kohlen liefen. Viele große Unternehmen gaben Unmengen an Geld für solche Veranstaltungen aus.

In den 90er-Jahren setzte sich dann in den Unternehmen zunehmend die Erkenntnis durch, dass die lauten nicht unbedingt immer die besten Führungspersönlichkeiten sind. Heute geht man differenzierter vor, wenn man Führungskräfte aussucht. (Wie große Firmen heute arbeiten, wenn sie zum Beispiel Teams neu zusammenstellen, darüber spricht Beate Segbers im Kapitel «Was wird aus meinem Kind?».)

Später, in den 90er-Jahren, verfestigte sich der Wunsch nach extrovertierten Typen in der Cheerleader- und Baseballmentalität der Highschools. In den Highschoolfilmen, die damals zu uns herüberschwappten, gab es immer ein paar «Loser», die aus irgendeinem traurigen Grund nicht dazugehörten. Allen war es immer wahnsinnig wichtig, auf Abschlussbälle zu gehen und King oder Queen irgendeiner Wahl zu werden.

Ein Gegenphänomen lässt sich seit einiger Zeit bei neueren Produktionen beobachten: Es gibt inzwischen durchaus Serien, in denen sich die nachdenklichen Outsider zusammenschließen und erstaunlicherweise eine gute gemeinsame Zeit haben – wie zum Beispiel *We are who we are*, eine Serie mit einem introvertierten Teenager-Held, der Gedichte liebt.

Die Zeit arbeitet also, könnte man schlussfolgern, an vielen Stellen für die leisen Menschen. Eine Tatsache, die vielleicht einfach noch ein bisschen braucht, um in unseren Köpfen anzukommen.

Es ist aber nicht nur eine Frage der Zeit, sondern auch eine Frage des Ortes, welche Charaktereigenschaften sich Eltern von ihren Kindern wünschen. In Vergleichsstudien zwischen kanadischen und chinesischen Kindern fand man heraus, dass leise und bedachte Kinder in Kanada oft zu Außenseitern werden, in China hingegen sehr beliebt und häufig die «Wortführer» einer Gruppe sind.

Besonnenheit ist in asiatischen Ländern eine erstrebenswerte Charaktereigenschaft. Kinder, die still und in sich gekehrt sind, sich am liebsten mit Büchern beschäftigen und viel nachdenken, werden dafür von ihren Eltern geschätzt und gelobt. In eher extrovertierten Gesellschaften wie Kanada oder den USA kann es hingegen vorkommen, dass solche Kinder zum Therapeuten gebracht werden.

Und in Deutschland? Bei uns kommt es ziemlich stark darauf an, in welchem Umfeld ein Kind groß wird, welche Eigenschaften die Eltern selbst besitzen und zu schätzen wissen und auf welcher Schule es landet.

Ein schönes Beispiel dafür, wie sehr die Wertschätzung für bestimmte Charaktereigenschaften von Umfeld und Kultur abhängt, nannte Professor Dr. Gerald Hüther im Podcast *Eltern*: Der Neurobiologe erklärte damals, dass jedes Kind eine spezielle Begabung hat, jedes etwas besonders gut könne. Manche sind sehr musikalisch, sprechen schon früh und gut, spielen Fußball wie junge Götter oder haben bemerkenswert tiefgründige Gedanken. Wenn das Kind Glück hat und einigermaßen wache Eltern, fällt sein Talent auf, wird gefordert, gelobt und wertgeschätzt. (Der finanzielle und der Bildungshintergrund, möchte ich hier ergänzen, spielen sicherlich auch eine Rolle.) Das falsche Talent am falschen Ort allerdings wird mit ziemlicher Sicherheit nicht erkannt. Dass ein Kind besonders gut Kirschkerne spucken kann, so Hüther in diesem Zusammenhang, wird in Deutschland wahrscheinlich niemandem auffallen, und falls doch, nicht von sonderlich großer Bedeutung sein. Kommt dieses Kind allerdings im Regenwald zur Welt, wo sein Stamm mithilfe von Blasrohren täglich auf die Jagd geht, wird es mit seiner ungewöhnlichen Fähigkeit eventuell ein angesehener und gefeierter Jäger …

Introvertiert durchs Leben, ohne es zu wissen

Da saß ich also als introvertiertes Kleinkind Anfang der 8oer-Jahre und passte so gar nicht zu den damaligen Idealvorstellungen von einem aufgeweckten Kind. Meine Bauklotz-Annäherungsmethode ließ man mir gerade noch durchgehen, aber irgendwann musste auch ich mich eingliedern in diese Gesellschaft. Man steckte mich in einen Kindergarten voller anderer Kinder. Lärmender, weinender, streitender Kinder. Spielen, basteln, lesen: All das wurde ab sofort zusammen gemacht.

Später setzte man mich in Klassenräume voller lauter Schüler. Im Sportunterricht ermittelte man Teams mithilfe von Abzählreimen. In Deutsch musste man Lerngruppen bilden. Und in beinahe jedem Fach forderte man mich auf, mich doch mehr und häufiger zu melden. Die weniger stillen Kinder bekamen die besseren Noten.

Tiefer und immer tiefer grub sich das Gefühl in mich ein, dass mit mir etwas nicht stimmte. Und jeder Lehrer, der mir sagte, ich sei zu still, und jedes Zeugnis, das ich bekam, bestätigten es mir aufs Neue:

Eva wäre eine so gute Schülerin, wenn sie sich mehr am Unterricht beteiligen würde.

Eva wirkt oft zurückgezogen, verträumt und unaufmerksam.

Eva hat gute Ideen, aber wenn sie den Mund nicht aufmacht, kann ich das in meiner Notengebung nicht berücksichtigen.

Eva geht in der Klasse unter, weil sie nie auf sich aufmerksam macht.

Ich hasste die Schule.

Einmal saß ein Mädchen neben mir, das als Linkshänderin geboren worden war. Jetzt schrieb sie mit rechts. Ihre Handschrift war kaum zu entziffern, aber Eltern und Lehrer bestanden darauf, dass sie den Füller mit rechts hielt. Ich betrachtete ihre Hand, mit der sie versuchte, Buchstabe für Buchstabe ungelenk auf das Papier zu drücken, und verstand: Wer sich nicht genau so verhielt wie die anderen Kinder, wer nicht «normal» war, musste geändert werden, auch wenn es ein Krampf für alle Beteiligten war. Dieses Mädchen musste lernen, mit rechts zu schreiben. Und ich musste lernen, mich in Menschengruppen zu behaupten.

Ich erinnere mich noch gut an meinen ersten Tag auf dem Gymnasium, wie sich die Tür zu meinem neuen Klassenzimmer öffnete und dreißig Kinder hineinstürmten, um die besten Plätze zu ergattern, am liebsten alle nebeneinander und möglichst weit hinten, bei den Coolen. Ich stand eine Weile im Türrahmen, wartete, bis der Ansturm sich gelegt hatte, und setzte mich dann in die erste Reihe. Nicht, weil ich scharf darauf war, zu den Strebern gezählt zu werden. Sondern weil dort der einzige Platz war, an dem es mir gelang, wenigstens ab und zu aufzuzeigen. Es war der einzige Platz, von dem aus ich dem Lehrer eine Frage beantworten konnte, ohne dass sich dreißig Kinder zu mir umgedreht und mich angeglotzt hätten, während die Röte langsam und heiß meinen Hals heraufkribbelte und sich in meinem Gesicht verteilte.

Es war einer der ersten und später einer von vielen Tricks, die ich lernte, um in dieser Gesellschaft irgendwie überleben zu können – mehr dazu in Kapitel 4. Das Gefühl, falsch zu sein und das vertuschen zu müssen, blieb.

Als ich ein paar Jahre später meine Führerscheinprüfung

bestanden hatte, nahm dieses Gefühl eine neue, merkwürdige Form an. Obwohl ich einen Zettel besaß, der mich ab sofort dazu berechtigte, am Straßenverkehr teilzunehmen, hatte ich das Gefühl, etwas Verbotenes zu tun. Ich fuhr langsam und vorsichtig durch die kleinen Straßen meiner Heimatstadt und erwartete, jeden Moment entlarvt zu werden. Ich rechnete damit, dass in der nächsten Minute jemand empört hupen, mir mit seinem Auto den Weg abschneiden und mich anherrschen würde, dass ich bei diesem Spiel nicht mitspielen dürfte. Noch heute begleitet mich dieses Gefühl, jedes Mal, wenn ich in ein Auto steige. *Du gehörst nicht dazu, du machst es falsch, du bist nicht normal.*

Und irgendwann gewöhnte ich mich an dieses Gefühl. Die Welt um mich herum kam mir vor wie eine riesige Privatparty, bei der ich uneingeladen aufgekreuzt und entsprechend unerwünscht war – und die ich eigentlich auch gar nicht hatte besuchen wollen. Diese Sätze waren einfach immer in meinem Kopf, mal dröhnten sie laut in meinen Ohren, mal hörte ich sie schwach im Hintergrund: So wie du bist, bist du nicht in Ordnung. Also sei vorsichtig.

Dieses Gefühl prägte auch meinen Blick auf Beziehungen. Ich erinnere mich an ein schweigendes Pärchen neben uns in einem Restaurant, und wie mein damaliger Freund heimlich auf sie gedeutet hat. «Schau mal, die haben sich gar nichts mehr zu sagen», hatte er geflüstert und mit Blick auf seine Hände ergänzt: «So will ich niemals enden.» Und ich erinnere mich an meine Verwirrung. Denn für mich war das Schweigen am Nachbartisch ein Zeichen von Harmonie und stillem Beisammensein – während es für ihn anscheinend das Zeichen einer gescheiterten Beziehung war. Ich fragte mich, was Männer eigentlich von mir erwarteten: War ich so, wie ich war, überhaupt attraktiv? Oder viel zu langweilig?

Heute weiß ich, dass es in meinen Beziehungen wichtigere Kriterien gibt als die Tatsache, ob der andere eher laut oder leise ist. Ich habe in den verschiedensten Konstellationen gelebt. Stille Männer fand ich schon immer irgendwie gut, mochte das Nachdenkliche und ein bisschen auch das Geheimnisvolle, was mit der Stille oft einhergeht. Manchmal habe ich mir aber bewusst Männer gesucht, die mich raus ins Leben ziehen und aus dem Grübeln bringen. Geheiratet habe ich schließlich den extrovertiertesten Mann, den ich je kennengelernt habe. Er ist der Vater meiner Tochter geworden. Was soll ich sagen? Wir hatten viele gute Jahre. Am Ende ist es aber nicht gut gegangen. Sicherlich nicht, weil er so laut und ich so leise war. Aber bestimmt auch, weil wir über die Bedürfnisse, die mit unseren Charaktereigenschaften einhergehen, zu wenig wussten. Und zu wenig darüber gesprochen haben.

Früher habe ich oft darüber nachgedacht, welcher Spruch für Paare eher gilt: «Gegensätze ziehen sich an» oder doch «Gleich und gleich gesellt sich gern». Für die Partnerschaft ohne Kind galt bei uns wohl Ersteres. Sobald allerdings unsere Tochter auf der Welt war, wurden die Unterschiede zwischen meinem Partner und mir mehr Last als Segen.

Schule, Freundschaften, Beziehungen: Jeder Bereich meines Lebens ist von meiner Introvertiertheit beeinflusst. Und natürlich auch mein Berufsleben. Inzwischen weiß ich ziemlich gut, warum ich mit meinem ersten Job so dermaßen auf die Nase gefallen bin. Im Kapitel «Was wird aus meinem Kind?» gehe ich genauer darauf ein.

Mittlerweile arbeite ich nach einigen Umwegen als Autorin. Ich schreibe Romane, Zeitschriftenartikel und Ratgeber. Schriftstellerin zu sein ist der introvertierteste Beruf, den man sich aussuchen kann – und ich liebe ihn. Aber sogar dieser Beruf, der vor Jahrzehnten einfach nur bedeutete, im stillen Kämmerlein zu sitzen und Texte auszubrüten, die später einmal Menschen berühren, verführen, überzeugen sollen, selbst dieser Beruf hat sich verändert. Von Autoren und Autorinnen wird heute erwartet, dass sie nicht nur denken und schreiben, sie sollen ihre Bücher auch verkaufen. Sie sollen sich selbst verkaufen.

Ich weiß noch, wie irritiert ich war, als ich meinen Debütroman geschrieben hatte und plötzlich Lesungen halten sollte. Das hatte ich bei meinem Traum vom Schreiben, der in Erfüllung gegangen war, einfach nicht mitgedacht. Die Menschen wollten mein Buch nicht nur lesen, sie wollten es auch vorgelesen bekommen. Von mir. Plötzlich befand ich mich in der Rolle einer Entertainerin. Die Menschen kauften sich Karten, um mich auf einer Art Bühne zu sehen. Ich musste mir überlegen, wie ich den Abend gestalte. Dachte mir kleine Witze aus, damit sich mein Publikum nicht langweilte. Ich überlegte sogar, was ich anziehen sollte. Wie stellten sich die Leute eine Autorin vor? Und entsprach ich diesem Bild?

Die Schriftstellerin Christine Wunnicke sagte mal in einem Radiointerview über ihren Beruf: «Ich trete echt ungern öffentlich auf. Ich lese auch nicht gerne vor. Das ist nicht mein Ding. Ich glaube auch, das ist ein Zufall, wenn das zusammenkommt. Das sind zwei völlig verschiedene Talente: Geschichten schreiben und Bühnenpräsenz ...»[11]

Wobei ich sagen muss, dass mir die Lesungen mit der Zeit sogar Spaß machten, vor allem als ich merkte, wie wohlwollend die Menschen mir gegenüber waren und dass sie sowieso kein Comedyprogramm von mir erwarteten.

Auf meiner Lesereise traf ich eines Tages zufällig einen anderen Autor im Zug. Eine seiner ersten Fragen lautete, wie viele Follower ich in den sozialen Medien hatte. Ich war irritiert: Ja, ich war auf diversen Plattformen unterwegs und ich hatte dort Follower, Menschen, die mir wegen meines Buches folgten. Aber ich hatte nie bewusst geschaut, wie viele das waren. Selbstdarstellung war einfach nie mein Ding. Mir war nicht klar, dass das einen Wert haben könnte. Erst in diesem Gespräch wurde mir bewusst, dass Selbstvermarktung auf Social Media heute bei Autorinnen und Autoren eine Rolle spielt. Natürlich bin ich auch bei Instagram. Aber alles, wozu ich mich überwinden kann, ist, ein paar Bilder von meinen Texten hochzuladen oder Zitate, die ich in Büchern gefunden habe. Aber mich selbst in Storys als Autorin zu inszenieren? Das liegt mir leider fern.

(Gerne können Sie als Leserin oder Leser meine kleine Social-Media-Schwäche ausgleichen. Kaufen Sie mein Buch einfach direkt noch mal und verschenken Sie es zum Beispiel an einen Freund oder eine Freundin mit stillen Kindern.)

Ich bin kein Einzelfall. Gerade Kreative, die ihren Fokus eigentlich gerne auf ihre Kunst legen, stehen oft vor dem Problem, dass sie diese Kunst oder sich selbst in irgendeiner Weise vermarkten müssen. Schauspielerinnen brauchen ein gut gepflegtes Instagram-Profil, von Malern wird erwartet, dass sie passende Worte zur Vernissage-Eröffnung finden, Musikerinnen treten in abendlichen Talkshows auf, um neue

Songs zu promoten. Und auch in völlig unkreativen Berufen wird heute selbstverständlich erwartet, dass man sich verkaufen kann und zu präsentieren weiß. Selbst, wenn man eigentlich nur komplizierte IT-Probleme lösen oder Steuerunterlagen sortieren möchte.

Wie haben wir uns das ideale Kind vorgestellt, bevor es da war?

Nach diesem Blick in meine Kindheit und mein Leben kann man durchaus verstehen, warum Eltern Angst haben, ihr Kind könnte zu leise, zu zurückhaltend sein und dadurch Probleme bekommen. Aber ist es nicht viel problematischer, wenn Kinder vermittelt bekommen, dass ihr Wesen nicht dem entspricht, was sich die Eltern wünschen, was der Zeitgeist vorgibt oder die Kultur sanktioniert? Welche Folgen kann das haben?

Kleine Menschen tun alles, um den Erwartungen ihrer Eltern gerecht zu werden. Kinder sind so sehr auf ihre Bezugspersonen angewiesen, dass sie schon als Babys sehr gute Antennen dafür entwickeln, was von ihnen erwartet wird. Die Sehnsucht nach Liebe, Lob und Anerkennung ist groß. Also fangen die Kinder irgendwann an, sich zu verbiegen, dem zu entsprechen, was von ihnen erwartet wird. Sie wollen nicht enttäuschen – und aus diesen Kindern, die denken, dass sie nicht okay sind, werden mit den Jahren Erwachsene, die denken, dass sie nicht okay sind. Und das ist wohl das Letzte, was wir unseren Kindern wünschen.

Deshalb ist es sinnvoll, bei uns selbst, bei den Eltern anzufangen, und unsere eigenen Erwartungen, Einstellungen und Überzeugungen zu überprüfen.

Als ich mein eigenes Kind erwartete, beschäftigte ich mich schon früh damit, welche Vorstellungen ich von diesem Wesen hatte. Bewusst – aber auch unbewusst. Wie ich wollte, dass es die Welt sehen sollte. Und wie es sich in ihr bewegen würde. Obwohl meine Introvertiertheit mir das Leben oft ziemlich schwer gemacht hat, träumte ich davon, dass es genau diese Charaktereigenschaft wäre, die ich meinem Kind vererben würde. Ich stellte mir ein Mädchen vor, das nachdenkliche Fragen stellte, das die Ruhe liebte wie ich – und das gemeinsam mit mir stundenlang im Bett lesen würde.

Kurz vor der Geburt hörte ich von einer Übung, die eigentlich für Menschen gedacht ist, die ein Kind adoptieren wollen. Diese Eltern haben sich oft jahrelang verzweifelt ein Kind gewünscht, und wenn es dann so weit ist, gibt es Kurse, die sie darauf vorbereiten. In solchen Kursen gibt es eine interessante Übung, in der die Adoptiveltern aufgefordert werden, ihr Wunschkind zu malen. So, wie sie hofften, dass es sein würde. Oft haben die Kinder auf den Bildern Ähnlichkeit mit den Eltern selbst, sind blond oder dunkelhaarig, so groß oder so klein wie sie. Es geht aber nicht nur um Äußerlichkeiten: Auch Charakterbeschreibungen finden sich auf den Bildern wieder. «Süß» oder «nachdenklich», «lustig» oder «unbeschwert» stellen sich die Menschen ihre Kinder vor. Wenn alle Teilnehmer fertig sind, erklärt die Kursleiterin: «So, ihr habt nun euer Wunschkind gezeichnet. Das Kind, das ihr bekommen werdet, wird aber ein anderes sein. Es wird mit allergrößter Wahrscheinlichkeit nichts mit den

Kindern gemeinsam haben, die ihr gemalt habt. Es ist ein eigenständiges Wesen und nicht dafür da, eure Erwartungen zu erfüllen.» Und dann bittet sie die Kursteilnehmer, ihre Bilder zu verbrennen.

Mir gefiel die Idee hinter dem Ritual sehr und ich finde, es ist für alle werdenden Eltern empfehlenswert, völlig unabhängig davon, auf welchem Weg die Kinder zu ihnen kommen.

Im neunten Monat meiner Schwangerschaft setzte ich mich also hin, malte das kleine Mädchen, das ich mir wünschte, schrieb von mir besonders geschätzte Eigenschaften neben das Bild und verabschiedete mich dann davon, indem ich es verbrannte. Es war ein gutes Ritual. Ich hatte das Gefühl, nun viel offener zu sein für das Baby, das demnächst kommen würde.

Und diese Offenheit zahlte sich aus, denn wie sich herausstellen sollte, ist meine Tochter alles andere als introvertiert. Die Dynamik zwischen einer introvertierten Mutter und extrovertierten Tochter entpuppte sich als ganz spezielle Herausforderung – mehr dazu im zweiten Teil des Buches.

Übrigens glaube ich, dass das Ritual auch nach der Geburt sehr gut funktioniert und selbst, wenn die Kinder größer sind. Es spricht nichts dagegen, die Übung immer mal wieder zu machen. Einfach, um sich bewusst zu werden: So hätte ich mein Kind zwar gerne, aber das ist *mein* Problem. Das echte Kind hat nicht die Aufgabe, meine Erwartungen zu erfüllen. Es ist vielmehr meine Aufgabe, es so anzunehmen, wie es ist, und nicht zu versuchen, es nach meinen Vorstellungen zurechtzubiegen.

Unsere eigenen Erwartungen abzulegen ist nicht einfach.

Nur weil man vor sieben Jahren einen Zettel verbrannt hat, ist man nicht für immer von den darauf formulierten Vorstellungen befreit. Gerade, wenn man selbst ganz anders tickt als das eigene Kind, bleibt das Hinterfragen dieser Erwartungen ein immerwährender Prozess. Ein Prozess, in dem man nicht nur großzügig seinen Kindern, sondern auch sich selbst gegenüber sein darf. Wir als Eltern sind eben auch nicht perfekt. Trotzdem können wir jeden Tag aufs Neue versuchen, die bestmöglichen Eltern für unser introvertiertes Kind zu sein: Ihm beibringen, dass man als stiller Mensch sehr glücklich werden kann. Dass auch leise Menschen Freunde haben können. Dass es viele Möglichkeiten gibt, an einer Party teilzunehmen. Und dass es okay ist, nicht mit der Masse zu gehen.

Wenn unser Kind also demnächst auf einem Geburtstag steht, ein unglückliches Gesicht macht und uns ins Ohr flüstert, dass es zu laut ist, die anderen Kinder einfach zu viel, die Laune im Keller – dann sollten wir nicht versuchen, es zum Bleiben zu überreden oder den Abschied noch länger hinauszuzögern. Vielmehr sollten wir das Kind aus dieser Situation retten. Ihm zeigen, dass seine Gefühle nicht falsch sind, dass wir sie ernst nehmen und verstehen. Es an die Hand nehmen und sagen: «Toll, dass wir uns die Sache hier mal angesehen haben. Aber weißt du was? Ich habe auch genug, lass uns nach Hause gehen und ein Buch lesen.»

Freunde, Familie
und ein paar Buchtipps

Als Kind saß ich gerne und oft stundenlang malend in meinem Kinderzimmer. Vollkommen konzentriert und gedankenverloren. Wenn meine Mutter hereinkam, musste sie mich mehrmals ansprechen, bevor ich sie überhaupt bemerkte und reagierte. In meiner Erinnerung folgten die Geschehnisse dann dem immer gleichen Ablauf.

Meine Mutter fragt: «Sollen wir mal auf den Spielplatz gehen? Das Wetter ist so schön.»

Ich schaue aus dem Fenster, dann meine Mutter an. Nicke. Hätte wahrscheinlich auch noch stundenlang weitermalen können. Stattdessen ziehen wir uns an und gehen auf den Spielplatz.

Die Sonne scheint, alle Kinder des Stadtteils scheinen sich an diesem Ort versammelt zu haben. Meine Mutter strahlt: «Ist doch viel schöner hier als zu Hause in deinem dunklen Zimmer, oder?»

Ich antwortete nicht, bleibe stehen und gucke. Eine Gruppe Kinder fegt gerade über das Klettergerüst. Mädchen und Jungen schreien, singen, lachen. Ich halte die Hand meiner Mutter ganz fest, versuche, sie noch ein bisschen an mich zu binden, bis sie sich sanft, aber nachdrücklich von mir löst, um sich auf eine Bank zu setzen. Ich stehe noch eine ganze Weile wie gebannt da. Dann hole ich mir die Tüte mit dem Sandspielzeug und beginne, im Sandkasten Projekte zu verwirklichen. Wenn der Sand es zuließ, baute ich gern mehrstöckige Kuchen, fantasievoll dekoriert mit allem, was eine Spielplatzumgebung so hergab. Nach einer Weile bin ich völlig versunken in die Herstellung meiner Tortenkreationen. Eine halbe Stunde später kniet sich meine Mutter dazu. Sie fragt: «Willst du nicht mal mit den anderen Kindern spielen? Da vorne sind ein paar aus deiner Turngruppe.» Ich schüttle den Kopf, und versuche, sie abzulenken: «Willst du mal meinen Kuchen probieren?» Ich habe ihn aufwendig verziert – mit Blättern und Stöcken ein kleines Kunstwerk gebastelt. Können wir uns nicht lieber gemeinsam um die kleine Welt kümmern, die ich hier gerade erschaffen habe? Meine Mutter seufzt nur: «Warum sagst du denen denn nicht wenigstens mal Hallo?»

Ich antworte nicht. Beobachte die anderen Kinder aus sicherer Distanz, den Sandkuchen habe ich vergessen.

Kurze Zeit später gehen wir nach Hause. Meine Mutter mit der Angst, dass ihr Kind nicht sozial genug ist, ein Einzelgänger, der es nicht leicht haben wird im Leben. Ich – mal wieder – mit dem Gefühl, irgendwie falsch zu sein.

Fragt man introvertierte Erwachsene nach dem Satz, den sie in ihrer Kindheit am allermeisten gehasst haben, dann lautet die Antwort eigentlich immer: «Spiel doch mal mit den anderen Kindern.» Generationen von stillen Kindern haben sich diesen für sie so fürchterlichen Satz immer und immer wieder anhören müssen. Es ist wie das Erkennungszeichen einer stillen, anstrengenden Kindheit, dieser Satz, und auch ich kenne ihn gut. Bemerkenswert, wie ein Satz mit so wenig Wörtern so wahnsinnig viele Botschaften enthalten kann, so aufgeladen sein, so stressen kann. «Spiel doch mal mit den anderen Kindern» löste in meinem Kopf folgende Gedanken aus: 1. So, wie ich momentan spiele, ist es nicht gut. 2. Es ist besser, mit anderen zu spielen als allein, auch wenn ich gerade keine Lust dazu habe. 3. Ich soll zu den Kindern gehen und fragen, ob ich mitspielen kann. (Das würde mir schon schwerfallen, wenn ich es wirklich wollen würde. Zu fragen, ob ich mitspielen kann, obwohl ich es noch nicht einmal will, ist ungleich schwerer.) 4. Was spielen die da überhaupt? Kann ich das? Bin ich eine gute Mitspielerin? Und wenn ja: Darf ich überhaupt mitspielen? 5. Wenn nicht, wie gehe ich damit um? (Ich selbst wäre zwar nicht besonders enttäuscht darüber, meine Eltern ja aber schon. Wie bringe ich ihnen also bei, dass ich nicht mitspielen darf, ohne dass sie versuchen einzugreifen und die Sache noch viel schlimmer machen?) 6. Wenn sie mich mitspielen lassen, wie komme ich da später wieder raus? (Ich will ja irgendwann auch wieder allein spielen.)

Man ahnt: Nur wenige, schnell dahingesprochene Worte können ein introvertiertes Kind in ein unangenehmes Gedankenkarussell schicken. Und in eine Situation, aus der niemand wirklich glücklich herauskommt.

«Spiel doch mal mit den anderen Kindern» – bei der Recherche zu diesem Buch tauchte der Satz immer wieder auf.

Ich weiß noch, wie meine Mutter irgendwann verstanden hat, dass diese Aufforderung nicht zu dem führte, was sie sich so wünschte. Irgendwann hat sie ihn nicht mehr gesagt.

Nur noch im Spaß, wenn sie mich etwas ärgern wollte, etwa in meinem Beisein zu anderen Eltern: «Wenn ich meiner Tochter drohen möchte, sage ich einfach, dass sie raus zu den anderen Kindern gehen muss, wenn sie nicht tut, was ich sage. Dann wuppt es immer.» Wahnsinnig witzig. Aber wenigstens verlangte meine Mutter es nicht mehr ernsthaft von mir.

Sosehr wir Introvertierten diesen Satz als Kinder auch gehasst haben mögen, erwischen wir uns als Eltern trotzdem ab und zu, dass wir ihn selbst zu unseren Kindern sagen. Sogar ich sage ihn. Es passiert einfach. Ich beiße mir danach regelmäßig auf die Zunge. Wobei meine extrovertierte Tochter diese Aufforderung manchmal sogar gerne annimmt. Für sie wird dieser Satz jedenfalls nicht der verhassteste ihrer Kindheit sein. (Sie wird ihre eigenen Sätze haben, da bin ich sicher.)

Auch in diesem Fall gilt: Wir Eltern sollten nachsichtig mit uns sein, wenn uns manchmal Sätze rausrutschen, die wir eigentlich gar nicht sagen wollten. Trotzdem sollten wir uns immer wieder fragen, ob es sich bei dieser und ähnlichen Aufforderungen wirklich um die Bedürfnisse unserer Kinder dreht oder nicht vielmehr um unsere eigenen. Natürlich möchten wir als Eltern, dass unsere Kinder soziale Wesen werden, Menschen, die mit anderen Menschen agieren, mit ihnen gut zurechtkommen. Wir möchten sehen, dass sie von anderen akzeptiert werden, weil es uns ein gutes Gefühl gibt oder vielleicht, weil wir einfach keine Lust mehr haben, den hundertsten Sandkuchen zu backen. Es ist ganz normal, dass man sich für das eigene Kind das Beste wünscht, möchte, dass es glücklich ist. Wir sollten allerdings nie vergessen, dass der Weg zu seinem Glück anders gepflastert sein kann als unserer. Im Notfall hilft immer wieder aufs Neue der Trick mit dem brennenden Zettel aus dem vorangegangenen Kapitel.

Sobald wir uns also bewusst geworden sind, dass es hier eigentlich um unsere Wünsche und nicht zwingend um die des Kindes geht, ist schon mal viel gewonnen, denn es ermöglicht uns, einen Blick auf die tatsächlichen Bedürfnisse des Kindes zu werfen. Wie wirkt es denn eigentlich in einer solchen oder einer ähnlichen Situation, wie ich sie oben beschrieben habe? Wenn es da steht, am Rande eines Spielplatzes, und den anderen zuschaut? Wirkt es wirklich unglücklich? Wirkt es, als würde es eigentlich gerne mitspielen, traut sich aber nicht zu fragen? Fühlt es sich ausgeschlossen? Oder schaut es den anderen einfach nur interessiert und konzentriert zu? Beobachtet genau, saugt die Stimmung in sich auf und scheint seine eigenen Schlüsse zu ziehen, bevor es sich in den Sandkasten setzt und sein Ding macht? Hat man ein introvertiertes Kind, ist in den allermeisten Fällen Letzteres der Fall. Und dann gibt es auch keinen Grund, sich einzumischen.

Wer trotzdem immer noch das starke Bedürfnis verspürt, seinem Kind vorzuschlagen, dass und mit wem es denn bitte spielen möge, dem empfehle ich das Bilderbuch *Mein Monster unter dem Spielplatz* von Clementine Beauvais und Maisie Paradise Shearring.[12] Ein Buch, das eher das Verhalten von Eltern als das ihrer stillen Kinder hinterfragt. Es beginnt damit, dass eine Mutter ihren Sohn auffordert, mit einem anderen Jungen zu spielen, der in ihren Augen gerade irgendwie «allein» wirkt. Der Sohn kennt solche Aufforderungen schon. Und er hasst sie. Außerdem wundert er sich: Er selbst sagt seiner Mutter doch auch nicht, dass sie einfach mit völlig Fremden sprechen soll – nur weil die nett aussehen. Und dann verliert er sich auf wunderbar kreative Weise in der Idee, dass der fremde Junge ein Monster sein könnte, das unter dem Spielplatz lebt.

Das Buch ist eigentlich für Kinder ab vier Jahren gedacht; aber auch für Erwachsene ist seine Botschaft wertvoll. Sie lautet: Lasst uns Kinder bitte selbst bestimmen, wann und mit wem wir spielen wollen.

Wenn man beobachtet, wie kleine Kinder Freundschaften schließen, egal, ob sie introvertiert oder extrovertiert sind, merkt man schnell: Es geht ihnen nicht darum, ob jemand nach Erwachsenenmaßstäben «nett» aussieht. Oder so freundlich wirkt, dass man den Wunsch verspürt, mit ihm zu spielen. Vielmehr geht es Kindern darum, ob das Spiel des anderen sie fasziniert. Ob sie hineingezogen werden in die Welten der anderen Kinder. Riesige Sandburgen bauen oder stundenlange Pferdchenspiele – je größer die Faszination ist, desto leichter überwinden die zuschauenden Kinder ihre eigenen Grenzen. Sie ist wie ein magischer Sog. Gemeinsames Spielinteresse schafft Bindung. Das geht bei extrovertierten Kindern eventuell schneller als bei introvertierten. Zieht es die introvertierten nicht in das Spiel hinein, ist es eben einfach noch nicht magisch, noch nicht interessant genug für sie. Was Kinder dann ganz sicher nicht brauchen, ist ein Erwachsener, der versucht, sie in das Spiel hineinzudrängen, sie zu überreden oder unter Druck zu setzen. Magie wird in diesem Fall leider nicht von Erwachsenen erzeugt.

Was man als Eltern stattdessen tun kann? Wer tatsächlich das Gefühl hat, sein Kind steht vollkommen uninspiriert an einem Ort, an dem sich alle anderen gut zu amüsieren scheinen, kann es helfen, die Umgebung zu wechseln. Vielleicht ist das gewohnte Umfeld ja nicht interessant genug, um das Kind in ein Spiel zu verwickeln? Vielleicht fehlt einfach die Begeisterung, die Neues oftmals auslöst? Und vielleicht taucht diese Begeisterung ja woanders auf? Auf einem Spielplatz mit Wasserpumpe. Oder mit Kletterwand. Oder auch gleich im Kletterverein. Auf dem Reiterhof. Dem Rugbyplatz. Irgendwo auf dieser Welt wartet auf das Kind ein Ort mit einem Sog, dem es sich nicht entziehen kann. Und an diesem Ort wird es auf Kinder mit ähnlichen Interessen, Bedürfnissen, Gedanken und Motivationen treffen. Kinder, die seine Freunde werden könnten.

Was wir als Erwachsene gerne mal vergessen, aber im Hinterkopf behalten sollten: Kinder lernen in ihrem Alltag sehr viel mehr Menschen kennen als wir Erwachsene. Wir Großen bewegen uns normalerweise in einem Umfeld, in dem die Freundschaften schon ziemlich genau abgesteckt sind, viele Entscheidungen darüber, zu wem man eine engere Beziehung aufbauen will, bereits gefällt wurden. Unsere Kinder bewegen sich ganz anders durch die Welt als wir, ihnen bieten sich jeden Tag unendlich viele Möglichkeiten, Freundschaften zu schließen. Und wenn sie sich heute noch nicht für jemanden entscheiden, dann vielleicht morgen auf dem Spielplatz. Oder übermorgen, wenn ein neues Kind in die Kindergartengruppe kommt. Oder in drei Monaten, wenn ihm ein anderes Kind im Park zufällig seinen Ball vor die Füße kickt. Erwachsene können also gelassen bleiben und abwarten.

Auch hier möchte ich noch mal betonen: Wer nicht will, der will nicht. Wenn das Kind glücklich alleine spielt oder Projekte entwickelt, dann sollte das so ein dürfen. Mehr dazu im Kapitel «Hobbys».

Ein Kinderbuch, das in diesem Zusammenhang ebenfalls sehr empfehlenswert ist, ist *Marie – das stille Mädchen* von Peter Carnavas. Marie liebt Vögel. Und sie spricht sehr leise. Zu leise. Denn in ihrer Familie wird sie immer überhört. Dabei würde sie gerne ihr Vogel-Hobby, ihre Erkenntnisse, ihr Wissen mit den anderen teilen. Aber die Mutter bohrt, der Vater schmeißt den Mixer an, der Bruder hört Musik. Niemand hört Marie. Zuerst versucht sie, ebenfalls lauter zu werden. Als das nicht klappt, macht sie das Gegenteil. Sie wird noch leiser. So leise, dass sie fast verschwindet. Und siehe da: Irgendwann hört die Familie um sie herum auf, zu lärmen, bohren und schreien. Vermisst Marie. Wird selbst ganz still. Erst dann hören sie das stille Kind leise, ganz leise singen. Und finden sich zusammen unter einem Baum wieder. Lauschen und bemerken plötzlich all die schönen kleinen Dinge, die man sieht, wenn man leise ist. Gemeinsam hören sie die Vögel zwitschern, den Hund schnarchen und den Wind durchs Blätterdach rascheln.

Das Buch zeigt auf sehr einfache Weise, wie die Faszination und die Hingabe eines introvertierten Kindes für ein bestimmtes Thema auch andere faszinieren und miteinander verbinden können.

Feiern mit dem Kind

Ein spezielles Kapitel im Leben mit introvertierten Kindern sind Einladungen zu Geburtstagen und anderen Feiern. Jeder, der ein Kind hat, weiß, wie groß die Freude über Geburtstagseinladungen ist. Die Kinder sind wahnsinnig stolz und tragen die entsprechenden Karten mit sich herum wie Auszeichnungen. Und irgendwie sind sie das ja auch: Jemand möchte seinen wichtigsten Tag im Jahr mit einem feiern. Über Einladungen freuen sich alle. Auch die Eltern: Mein Kind ist beliebt, bedeuten diese Einladungen. Aus der großen Kindergartengruppe oder Schulklasse wurde mein Kind ausgewählt und eingeladen.

Doch obwohl sich zu Anfang alle gleichermaßen freuen, fängt die Stimmung introvertierter Kinder oft an irgendeiner Stelle an zu kippen. Die Einladungskarte hängt seit Wochen prominent am Kühlschrank, man hat gemeinsam ein Geschenk für das Geburtstagskind ausgesucht, gekauft und eingepackt. Die Tage vergehen, die Feier rückt näher – und langsam lässt die Begeisterung nach. Das kleine Gehirn fängt an zu arbeiten. Das Kind beginnt zu fragen: «Mama, wie viele Kinder werden dort sein? Was werden wir machen? Welche Spiele werden wir spielen?» Plötzlich wirkt es, als müsste es sich regelrecht wappnen für das, was da auf es zukommt. Und wird dabei immer sorgenvoller. Wenn der Tag der Einladung dann gekommen ist, legt das Kind dem Aufbruch mehr oder weniger offensichtliche Steine in den Weg, erfindet Ausreden oder sagt ganz frei heraus: «Ich will da nicht hin.»

Das ist für Erwachsene nach all der Vorbereitung und all

der Vorfreude natürlich ziemlich schwer nachzuvollziehen. Und auch nicht einfach zu ertragen: das eigene Kind! Angst vor einer Geburtstagsfeier! Dabei hat man es doch schon in Gedanken glücklich herumtollen sehen, hatte es sich zwischen seinen Freunden, bunten Luftballons und viel Torte tobend vorgestellt. Berauscht vom Gefühl der Gemeinschaft. So sollte es doch eigentlich sein, oder? Und jetzt sitzt dieses Kind einfach da und behauptet, es hätte keine Lust.

Sich davon nicht frustrieren zu lassen ist zugegebenermaßen verdammt schwer. Wer es nicht schafft, sollte sich wenigstens darauf konzentrieren, seinen Frust nicht gegenüber dem Kind herauszulassen. Es weiß in dem Moment nämlich selbst schon ziemlich gut, dass es ein bisschen anders tickt als die anderen und dass das auf Eltern oft enttäuschend wirkt. Man muss ihm das nicht noch zusätzlich unter die Nase reiben. Hilfreicher ist es, dem Gefühl des Kindes Raum zu geben, nachzufragen, ob es Gründe gibt, und zuzuhören. Manchmal haben sich Vorstellungen und Fantasien zusammengebraut, die man mit ein paar einfachen Erklärungen lösen kann. Vielleicht hat das Kind Bedenken, dass es nicht alle Kinder auf dem Geburtstag kennt. Eine solche Sorge kann man ihm mit einer kurzen Nachfrage bei den Gastgebereltern nehmen und mit ihm dann besprechen, wer eingeladen ist, wen davon es kennt und mag und wer vielleicht aber auch neu sein wird.

Möglicherweise macht sich das Kind auch Gedanken, dass es den Geburtstag frühzeitig wieder verlassen möchte, aber seine Eltern noch nicht zum Abholen da sind. Für solche Ängste lassen sich ebenso schnell ein paar Vorkehrungen treffen, zum Beispiel kann man dem Kind versprechen, eine

Stunde nach Beginn der Feier bei der Gastfamilie anzurufen. Dann hat es die Möglichkeit, am Telefon die aktuelle Situation zu beschreiben und zu sagen, ob es früher abgeholt werden will.

Manchmal ist es aber auch schwieriger. Meine beste Freundin, deren introvertierter Sohn immer wieder kurz vor Kindergeburtstagen Angst bekam, Ausreden erfand, nicht hinwollte, wendet seit Jahren erfolgreich folgenden Trick an: Der Deal ist, dass beide zusammen auf den Geburtstag gehen und zumindest das Geschenk übergeben. Danach darf er, wenn er möchte, wieder mit seiner Mutter nach Hause. Darauf kann sich der Sohn meistens gut einlassen, schließlich möchte er, dass das Geschenk bei dem Geburtstagskind ankommt. Psychologisch gesehen hat seine Mutter einfach die Hürde für ihren Sohn verkleinert: Vor ihm liegt nicht mehr ein langer Nachmittag mit unzähligen Spielen und unvorhersehbaren Ereignissen und Kindern, die er nicht einschätzen kann. Das, was er jetzt vor sich hat, ist ziemlich übersichtlich: hingehen, gratulieren, Geschenk übergeben. Das nimmt auf ganz einfache Weise den über Tage aufgebauten Druck aus der Situation. Wenn der Junge dann tatsächlich da ist, kann er die Situation neu bewerten. Und so machen Mutter und Sohn es dann auch: Die beiden besuchen das Geburtstagskind und übergeben das Geschenk. Meine Freundin hält sich im Hintergrund und tatsächlich – ihr Sohn findet fast immer Anschluss, die Sorgen lösen sich im Nichts auf und sie darf ohne ihn gehen. Allerdings nicht, ohne vorher genau mit ihm abgesprochen zu haben, wann sie ihn wieder abholt.

Ein weiterer Trick ist, das Kind möglichst früh zur Party zu bringen, denn am Anfang ist es noch verhältnismäßig leise und leer. So kann sich das Kind in Ruhe akklimatisieren, orientieren und seinen Platz finden. Wenn es das Territorium dann kennt, kann es zusehen, wie die anderen ankommen. Auf diese Art stolpert es nicht in eine laute, von Zucker aufgepeitschte, bereits eingeschworene Geburtstagsgesellschaft.

Vielleicht kann man auch arrangieren, dass sich das Kind schon im Vorhinein mit einem der anderen Gäste trifft und gemeinsam hingeht. Zusammen bilden sie dann eine kleine Gemeinschaft und gehen mit mehr Sicherheit zur Party – wenden wir Erwachsenen ja durchaus auch an, diesen Trick.

Wenn es dann ein gelungenes Fest war und das Kind eine gute Zeit hatte, lohnt es sich, das am Ende des Tages, vielleicht beim Ins-Bett-Bringen, noch mal anzusprechen – um vorzubauen für die nächste Einladung. «Erinnerst du dich, dass du am Anfang erst gar nicht hinwolltest? Und jetzt war es doch ganz schön, oder?» So kann das Kind an diese gute Erinnerung beim nächsten Mal anknüpfen.

Und wenn das Kind trotz aller Tricks, trotz Engelszungen und Geduld partout nicht auf dieses Geburtstagsfest gehen will? Dann sollte das auch in Ordnung sein. Sogar die Extrovertiertesten unter uns haben schon mal eine Party ausfallen lassen, weil wir uns gerade einfach nicht danach fühlten, oder? Warum sollte es für Kinder in dieser Hinsicht andere Regeln geben? Wir haben uns schließlich vorgenommen, ein Kind zu erziehen, das auf seine Gefühle hört und imstande ist, nach ihnen zu handeln – auch wenn seine Umgebung etwas anderes von ihm erwartet. Deswegen: Locker bleiben, das Geschenk wird dann eben bei der nächsten Verabredung nachgereicht. Vielleicht unternimmt man stattdessen etwas anderes. Und das darf übrigens ruhig etwas Schönes sein. Auch wenn Eltern eventuell ein bisschen sauer und enttäuscht sind: Das Kind jetzt zu «bestrafen» und zu sagen: «Nee, ins Kino gehen wir jetzt nicht, du hättest ja auf den Geburtstag gehen können», streut nur zusätzliches Salz in die Wunde. Also: einatmen, ausatmen, lächeln, weitermachen. Auf keinen Fall sollte man dem Kind den Rest des Tages das Gefühl geben, es hätte versagt, weil es nicht auf diesen Geburtstag gegangen ist.

Was Erwachsene darüber hinaus tun können: dem einladenden Kind ganz ehrlich sagen, dass ihr Sohn oder ihre Tochter sich an diesem speziellen Tag nicht danach gefühlt hat zu kommen, und stattdessen eine Ersatz-Verabredung vorschlagen. Wie wäre es, wenn die beiden Kinder also demnächst einfach ein Geburtstagseis essen gehen? Das eigene Kind kann aus dieser Art von Kompromiss lernen: Wenn ich mich total unwohl fühle, eine Partyeinladung anzunehmen, kann ich immer noch einen Gegenvorschlag machen. Beispielsweise: «Die Party ist mir ein bisschen zu viel, aber vielleicht möchtest du demnächst mit mir ins Kino gehen?» Das kann auch im späteren Leben eine gute Art sein, andere Menschen, die einen augenscheinlich mögen und mit einem Zeit verbringen möchten, nicht vor den Kopf zu stoßen. So signalisiert man: Ich sage nicht ab, weil ich dich nicht mag, sondern weil ich heute diese Aktivität nicht mag. Lass uns was anderes zusammen machen!

Und dann gibt es noch den eigenen Geburtstag, von stillen Kindern genauso heiß herbeigesehnt wie von allen anderen. Bei den Eltern hingegen drängt sich vielleicht die Sorge auf, dass alles zu viel werden könnte für das Kind. Vor allem, wenn man sich in den letzten Jahren die Geburtstage der anderen Kinder angesehen hat. Gerne werden daraus ja große Spektakel gemacht. Dagegen ist grundsätzlich nichts einzuwenden. Wenn Eltern und Kinder Lust haben, möglichst viele Freunde einzuladen, es krachen zu lassen und mit Clowns, Hüpfburgen, Kissenschlachten oder was auch immer eine «richtige» Party zu feiern, sei das allen gegönnt. Was nicht passieren sollte: Dass diese Art zu feiern zum Standard wird, der gehalten oder sogar übertroffen werden muss. Das gilt meiner Meinung nach für viele Aspekte des Kinderhabens: Jetzt gerade, während ich diese Zeilen schreibe, steht mal wieder Einschulung für die Erstklässler bevor. Auf Instagram häufen sich deswegen Bilder von Müttern (es sind leider oft hauptsächlich die Mütter), die kunstvolle Schultüten basteln, mühevoll kleine, pädagogisch wertvolle Geschenke zusammensuchen und das Ganze mit selbst gebackenen Keksen verzieren. Dagegen ist nichts einzuwenden, wenn man es wirklich gerne macht. Trotzdem sollte eine solche Schultüte nicht zum selbstverständlichen Standard werden. Es muss auch Platz und Toleranz da sein für die Eltern, die froh sind, wenn sie es gerade so schaffen, eine schlichte Schultüte zu kaufen und im Vorbeigehen ein paar industriell hergestellte Süßigkeiten hineinzuwerfen. Die Journalistin und Autorin[13] Alexandra Zykunov (@alexandra_z) hat zu diesem Thema eine wunderbare Instagram-Story gemacht, an deren Ende sie sagt: «Es wäre schön, wenn wir in einer Welt leben wür-

den, in der die Schultüte wirklich für das Kind sein sollte ...
und es nicht darum geht, was Eltern oder vorwiegend Mütter
nach außen senden wollen.»

Die Schultüte ist leider nur ein Symbol für eine Reihe von
Dingen, die uns im Alltag begleiten. Ähnlich ist es mit der
täglichen Brotdose, dem Adventskalender oder eben dem
Kindergeburtstag. Es lohnt sich, zwischendurch zu reflek-
tieren: Für wen tue ich das? Und warum? Damit man sich
nicht immer weiter hochschaukelt, gegenseitig zu übertref-
fen versucht, es allen immer schwerer macht. Und vor allem
die wirklichen Bedürfnisse des Kindes nicht aus den Augen
verliert. Für das Thema Kindergeburtstag heißt das: Auch
eine leise, kleine Feier ist okay und hat ihren Wert. An dieser
Stelle kann ich das großartigste Buch empfehlen, das für
introvertierte Kinder jemals geschrieben wurde: *So ein Fest*
von Elle van Lieshout, Erik van Os und Paula Gerritsen.[14] Es
ist ein schlichtes Bilderbuch ohne viele Worte und handelt
von einem Bären, der demnächst Geburtstag hat, sich aber
überhaupt nicht darauf freut. Weil er nämlich keine Lust hat
auf eine Party, seine lebhaften Cousins, die aufdringliche
Tante, Lärm und Chaos. Aber Gott sei Dank hat der Bär nicht
nur aufdringliche Verwandte, sondern auch einen besten
Freund. Und der fragt einfach mal nach, was sich der Bär
denn wünscht zu seinem Geburtstag. Und siehe da: Der Bär
weiß ziemlich genau, was ihn glücklich machen würde. Er
wünscht sich einen ruhigen Tag mit seinem besten Freund,
Geburtstagskuchen und Angeln am See. Und genau das wird
dann auch gemacht. Während die laute Verwandtschaft ohne
den Bären feiert, begeht der Bär seinen Geburtstag ganz in
Ruhe mit seinem Freund und ist sehr glücklich damit.

Leider ist das Buch vergriffen, man kann es aber noch gebraucht im Internet finden. Die Suche danach lohnt sich, unter anderem deshalb, weil es seinen Leserinnen und Lesern zeigt, dass man eben nicht immer alles so machen muss, wie die anderen es tun. Oder wie es von einem erwartet wird. Vor allem dann nicht, wenn es einen eigentlich stresst. Und natürlich zeigt es auch, wie wichtig es ist, einen echten, guten Freund haben, jemanden, der einen wirklich kennt. Gerritsen, van Lieshout und van Os illustrieren, dass man mit Gewohnheiten brechen darf, in sich reinhorchen und sich fragen kann: Wenn es hier mal ausschließlich um mich geht – was würde mir denn eigentlich gerade wirklich guttun?

Wie Geburtstage in *anderen* Haushalten gefeiert werden, lernen Kinder schnell, wenn sie selbst eingeladen sind. Die Zutaten sind oft ziemlich ähnlich: eine Horde Kinder, viele Spiele, Musik und Geschenke. Obendrauf Kuchen und jede Menge Zucker. Wie gesagt, es ist vollkommen in Ordnung, seinen Geburtstag auf diese Weise zu feiern, wenn man es wirklich möchte. Meine Tochter zum Beispiel könnte sich nichts Besseres vorstellen, außer vielleicht noch Einhornverkleidungspflicht für alle. Aber man kann seinen Geburtstag auch anders feiern. Nur mit der Familie. Oder wie der Bär in *So ein Fest* mit einem oder zwei besten Freunden. Oder man staffelt die Einladungen zu einer Art Geburtstagswoche: Eine Woche, an der jeden Tag etwas Schönes passiert, aber eben nicht alles auf einmal. Je kleiner die Gruppe, desto einfacher ist es, etwas Außergewöhnlicheres zu machen. Zwei Freunde passen in ein Auto und können den Geburtstag am Meer feiern. Oder im Zoo. Oder in einem Baumhaus.

Und wenn das Kind trotzdem viele Freunde einladen will? Dann kann es eine gute Idee sein, gemeinsam etwas zu unternehmen, bei dem nicht die ganze Zeit Interaktion zwischen den Kindern stattfindet, wie zum Beispiel zusammen ins Kino oder Theater zu gehen. Das war übrigens die Art, die viele meiner Geburtstage zwischen fünf und dreizehn Jahren geprägt hat: Alle eingeladenen Gäste wurden ins Kindertheater bestellt, wir haben uns zusammen ein Stück angesehen, im Anschluss gab es Kuchen im Foyer, bevor die angezuckerten Freunde wieder von ihren Eltern abgeholt wurden und man selbst in ein unberührtes, aufgeräumtes Zuhause zurückkehren konnte.

Auch leise Kinder brauchen Freunde

In *So ein Fest* wird anschaulich gezeigt, wie wichtig es ist, wenigstens einen guten Freund zu haben. Ohne ihn wäre Bär ziemlich aufgeschmissen gewesen. Die Tatsache, dass es nur ein Freund und nicht viele sind, ist typisch für Introvertierte: Sie suchen Freunde eher nach Qualität als nach Quantität aus. Das ist nicht abfällig gemeint gegenüber Extrovertierten: Mit vielen Freunden Zeit zu verbringen, das Gefühl, Teil einer Gruppe zu sein, ist ebenfalls wertvoll und wunderbar. Stillere Kinder suchen sich aber eben lieber den einen Freund, der perfekt zu ihnen passt. Hier ist auf Elternseite wieder Geduld gefragt. Je nach Entwicklungsstufe und Charakter entwickelt das Kind seine eigene Strategie. Dabei ist es übrigens auch völlig normal und gehört sogar zum Lernprozess, Ablehnung zu erfahren. Der Kindheitssoziologe William Corsaro hat sich bei Untersuchungen mit den verschiedenen Möglichkeiten der Annäherung zwischen spielenden Kindern beschäftigt. Interessanterweise scheinen sie viel mehr Möglichkeiten zu haben als Erwachsene, wenn sie irgendwo mitmachen wollen. Kinder umkreisen spielende Gruppen, stellen Fragen zu einem bestimmten Spiel oder fangen an, das gleiche einfach parallel zu spielen. Was Corsaro beobachtete, war jedenfalls, dass Kinder beim Anschlussfinden nur sehr selten aufgaben – und so lernten, verschiedene Strategien anzuwenden, bis sie ans Ziel gelangten.[15] Wenn Kinder also wirklich wollen, finden sie einen Weg, auch ohne die Eltern. Allen Eltern, die trotzdem ungeduldig werden, möchte ich meine Lieblingsregel bei der Partnersuche aus der Erwachsenenwelt an die Hand geben: Mach Sachen, die dir Spaß machen, und du wirst dort Menschen treffen, denen dieselben Sachen Spaß machen.

Es kann also helfen, das Kind an einen Ort zu bringen, an dem nur Kinder sind, die die gleichen Dinge interessant finden. Damit sind natürlich weniger Süßigkeitenläden oder Zirkusvorstellungen gemeint und mehr Schachclubs, Kletterwände und Tierheime.

Vielleicht hilft es, das Kind dazu zu animieren, sich wenigstens einen weiteren Freund oder Freundin zu suchen. Unter Kindern kommt es erfahrungsgemäß immer mal wieder zu kleineren oder größeren Streitereien. Das kann das Kind sehr bekümmern, weil es sich mit seinem einzigen Freund gestritten hat und nun das Gefühl hat, ganz allein auf der Welt zu sein.

Freundschaften können auch zerbrechen. Es ist vollkommen in Ordnung, darüber traurig zu sein. Spätestens dann ist es hilfreich, eine weitere, vielleicht nicht ganz so enge Freundschaft in der Hinterhand zu haben, die einen auffängt. Und ein anderer, wichtiger Aspekt kommt noch hinzu: Wer auf der Welt nur einen einzigen Freund hat, ist emotional erpressbarer. Das kann bedeuten, dass sich das Kind bei Konflikten mit dem Freund eher zurückhält, aus Angst, ihn zu verlieren, und so eine ziemlich schwache Position in der Freundschaft einnimmt. Wer mehr als nur einen Freund oder eine Freundin hat, entgeht dieser Gefahr. Alles über zwei Freundschaften hinaus ist schön, aber nicht zwingend. Das Kind wird vielleicht nicht im Mittelpunkt einer großen Clique stehen, aber es hat ein oder zwei gute Freunde, mit denen es sich austauschen kann.

Früher oder später wird dieser eine Mensch in das Leben des Kindes treten. Bis dahin kann man übrigens selbst ein prima Vorbild sein: Das Kind lernt viel über Freundschaften und Sozialleben durch Beobachtung, und zwar durch die Beobachtung seiner Eltern. Wie sie anderen im Alltag begegnen, ob sie ihnen in die Augen schauen, ein Lächeln schenken, ob sie eine zugewandte Körpersprache haben – all das können introvertierte Kinder genauso gut lernen wie alle anderen, und sie lernen es durch und von ihren Eltern. Wie gehen Mama und Papa im Alltag mit fremden Menschen um, wie aufgeschlossen begegnen sie neuen Leuten im Kindergarten? Oder auf dem Spielplatz? Wie funktionieren soziale Kontakte? Wie pflegt man Freundschaften? An der Hand oder auf dem Schoß der Eltern können auch zurückhaltende Kinder soziale Momente erleben, ganz nah bei allem dabei sein, ohne selbst handeln zu müssen oder gar im Mittelpunkt zu stehen. Meiner Erfahrung nach genießen introvertierte Kinder das oft sehr. So können sie einfach nur zuschauen und lernen – und vielleicht ermutigt es sie, sich etwas für ihr eigenes Verhalten abzugucken.

In diesem Zusammenhang möchte ich auf zwei weitere Bücher hinweisen, weil sie durchaus motivieren und dazu beitragen können, den Blickwinkel und das Verhalten des Kindes zu ändern.

Der Löwe in dir und *Trau dich Koalabär* wurden beide von Rachel Bright geschrieben.[16] Das Konzept ist ähnlich: In der ersten Geschichte ist da die ängstliche Maus, die auch mal so brüllen können möchte wie ein Löwe, in der zweiten der scheue Koala, der gerne mit den anderen Tieren spielen würde, aber dann doch die Sicherheit vorzieht und das Geschehen vom Eukalyptusbaum aus beobachtet.

Es geht in beiden Geschichten also um die Überwindung von Ängsten, darum, sich auch mal einen Ruck zu geben, um dann zu merken, dass die anderen gar nicht so furchteinflößend sind wie angenommen.

Insofern können diese Bücher den Horizont erweitern und introvertierten Kindern Mut machen. Ich bin allerdings immer etwas zwiegespalten, wenn ich daraus vorlese. Denn in ihnen verändern die Helden selbst ihr Verhalten. Sie passen sich ihrer Umwelt an und nicht, wie zum Beispiel in den zuvor erwähnten Büchern von van Lieshout und van Os, die Umwelt den introvertierten Kindern. Das ist meiner Meinung nach auch in Ordnung, aber streng genommen kann man daraus auch die unterschwellige Botschaft herauslesen: «Ändere dich, damit du zu den anderen passt.» Mein introvertiertes Herz schmerzt jedenfalls immer ein bisschen,

wenn ich sehe, wie der ängstliche Koala sich am Baum fest-
klammert und von den anderen Tieren immer wieder aufgefordert wird, herunterzukommen.

Sobald die Kinder älter sind, kann es auch ein bisschen weniger plakativ sein. Ein tolles Geschenk für Mädchen und
Jungen ab zehn Jahren ist zum Beispiel der Roman *Wunder*
von Raquel J. Palacio.[17] Er erzählt die Geschichte eines Jungen, der unzählige Gesichtsoperationen hinter sich hat und
deswegen immer zu Hause unterrichtet wurde. Irgendwann
muss er aber doch in die Schule – und wäre am liebsten unsichtbar.

Hier geht es zwar nicht direkt um das Thema Stille oder
Introvertiertheit, aber beim Lesen des Romans hatte ich oft
das Gefühl, dass ich dieses Buch als stilles Kind gern selbst
besessen hätte, weil es eine so wichtige Botschaft hat: Auch
wenn du anders bist, es gibt einen Weg für dich, du musst ihn
nur finden. Und auf diesem Weg wirst du immer Menschen
begegnen, die dich genau so mögen, wie du bist.

Es ist übrigens kein Zufall, dass sich in diesem Kapitel die
Themen Freundschaft und Familie mit so vielen Büchern
mischen: Bei meinen Recherchen bin ich immer wieder auf
die große Liebe von Introvertierten zu Büchern gestoßen.
Die bereits zitierte Amerikanerin Susan Cain erzählte in
einem wunderbaren TED-Talk[18], wie sehr sie das Lesen als
Kind geliebt hat. Sie beschreibt auf rührende Weise, dass es
in ihrer Familie üblich war, zusammen im Wohnzimmer zu
sitzen und das stille Gefühl der Gemeinschaft zu genießen,
während zeitgleich jeder für sich auf seine ganz eigene Abenteuerreise im jeweiligen Buch geht. Gemeinsam lesen, so

beschreibt sie es, war die Lieblings-Gemeinschaftsaktivität ihrer Familie.

Bücher sind nicht nur wichtig, um introvertierten Kindern Möglichkeiten zur Selbstvergewisserung zu geben. Sie sind auch essenziell, um ihnen zu helfen, ab und zu aus dieser Welt zu flüchten, völlig abzutauchen und auf Fantasiereisen zu gehen. Und wenn man es schafft, dafür eine Atmosphäre zu etablieren, wie die Familie von Susan Cain, muss Lesen eben kein einsames Abenteuer sein, sondern eines, das man auch mit Familie oder Freunden erleben kann. Und zwar auf verschiedenste Arten. Als ich selbst elf Jahre alt war und auf ein ziemlich schreckliches Gymnasium gekommen bin, habe ich dort meinen ersten Freund kennengelernt. Ich weiß nicht mehr, wer von uns die Idee dazu hatte, jedenfalls kauften wir uns ein leeres Buch und schrieben abwechselnd hinein. Es war so etwas wie ein tauschbares Tagebuch – und für einen jungen Teenager wie mich eine wirklich große Hilfe in der damaligen Zeit. Ich kann mich gut daran erinnern, dass es damals sehr viele Tage gab, an denen nur der Gedanke an dieses Buch und die Tatsache, dass ich unbedingt lesen wollte, was mein Freund Neues hineingeschrieben hatte, mich dazu bewegen konnten, überhaupt zur Schule zu gehen.

Das introvertierte Kind
in Kindergarten und Schule

Während meiner Recherchearbeit zu diesem Buch stieß ich auf die Schriftstellerin Alexandra Tobor und ihren Podcast *In trockenen Büchern*. Dort erzählt sie in der Folge «Introversion» auf eindringliche Weise, wie sich das Leben für sie als stilles polnisches Kind in deutschen Kindergärten und Schulen angefühlt hat:

«[...] Zum Beispiel habe ich nichts so sehr gehasst, wie zum Spielen nach draußen geschickt zu werden. Oder in den Kindergarten zu gehen. Kindergarten war Horror. Ich habe es da nicht ausgehalten und habe geschrien wie am Spieß, weil ich nach Hause wollte. Zu Hause habe ich mir Bücher angeschaut oder gebastelt. Das hat mir Spaß gemacht. Wenn Besuch kam, vor allem, wenn andere Kinder vorbeikamen, habe ich mich hinterm Sofa versteckt ... und auf Spielplätzen musste ich den Kindern im Sandkasten erst mal aus sicherer Entfernung ganz lange zusehen – erst dann habe ich mich getraut, mich dazu zu gesellen [...] Und mein Verhalten war sicher etwas seltsam. Aber im sozialistischen Polen war es wirklich kein so großes Problem. Das dürfte daran liegen, dass es kein extrovertiertes Ideal gab in der polnischen Kultur. Ganz im Gegenteil. Es gab das Ideal von zurückhaltenden, rücksichtsvollen, leisen und empfindsamen Menschen. Wer so war, war auch bei anderen beliebt. Ich entsprach also durchaus dem ‹Erziehungsplan› – und man sah keinen Bedarf, mich in die entgegengesetzte Richtung zu verändern. Das alles änderte sich schlagartig, als wir nach Deutschland auswanderten [...] Ich hatte einen riesigen Kulturschock wegen der Kinder und ihres Selbstbewusstseins. Und der Tatsache, dass ‹frech› hier etwas Positives war. In Polen war ‹selbstbewusst› eigentlich ein Schimpfwort für Leute, die rücksichtslos waren und egoistisch. Also im Grunde auch dumm, weil es als eine Form von Blindheit galt, wenn man sich nicht in andere hineinversetzt und nur auf den eigenen Vorteil bedacht ist. In Deutschland war aber gerade das wünschenswert und mit Zurückhaltung machte man sich eher keine Freunde.

Im Grundschulzeugnis stand bei mir, dass ich zu still bin und mich zu wenig beteilige [...] Wenn ich etwas gefragt wurde, wurde ich rot vor Scham, weil ich im Kopf die Antwort nicht so schnell formulieren konnte. Und das war kein Problem der Sprache, die Sprache konnte ich ja irgendwann. Aber das änderte nichts daran, dass ich mich mündlich einfach nicht beteiligen konnte. Wenn ich aufgefordert wurde, mich zu äußern, und mir auf die Schnelle kein fertiger Satz über die Lippen ging, da dachte ich: Okay, ich kann nicht denken, die anderen können denken, und nur ich bin schwer von Begriff. Weil die anderen Kinder einfach drauflosplapperten und nie lang überlegten. Denen kamen die Gedanken beim Sprechen und diese Fähigkeit hat mich so beeindruckt, dass ich gar nicht in der Lage war, auf den Inhalt zu achten. Jedenfalls fühlte ich mich unfähig, und so sahen mich auch die andern. Mit so einer Mischung aus Mitleid und Belustigung. Am Gymnasium wurde es dann immer wichtiger, seine sogenannte Meinung zu sagen. Sich einzuschalten, quasi reinzugrätschen in den Monolog des Lehrers, auch dazwischenzurufen. Und natürlich konnte ich das auch nicht. Das hat sich fatal auf meine Noten ausgewirkt und auch auf mein Selbstwertgefühl. Denn still sein bedeutete, dumm sein, nichts zu sagen haben, keine eigene Meinung haben. Mitläufer sein, keine Persönlichkeit haben. Also ein schweres Defizit, das mit sozialer Abwertung einherging. Und das Schlimme war eigentlich, dass ich in Wirklichkeit sehr starke Meinungen hatte. Aber die konnte ich nur in Klassenarbeiten äußern. Oder in Aufsätzen. Schriftlich also. Da konnte ich nachdenken und ich selbst sein. Da hatte ich keine Konkurrenz, da fand kein Wettkampf statt, der mich hätte lähmen können.»

Alexandra Tobor liest auch heute noch ab und zu an Schulen aus ihrem Buch *Sitzen vier Polen im Auto*. Sie schrieb mir, dass sie den Klassen dabei oft auch von ihrem stillen Wesen erzählt und den Problemen, die sie in der Schule hatte. Immer wieder sehe sie dann in leuchtende Augen von den Kindern, die offenbar selbst diese Probleme haben. Sie scheint ein tolles, introvertiertes Vorbild zu sein. Wäre ich in meiner Schulzeit jemandem wie Tobor begegnet, wäre ich wohl eines dieser Kinder mit leuchtenden Augen gewesen. Denn, es ist zwischendurch schon immer wieder angeklungen: Gerade in Kindergarten und Schule, wenn die Kinder wahrscheinlich zum ersten Mal mit größeren Gruppen Gleichaltriger konfrontiert sind, haben Introvertierte oft zu kämpfen, fühlen sich mit ihren Bedürfnissen und Persönlichkeitsmerkmalen häufig fehl am Platz oder zumindest nicht gesehen. Es ist also wichtig, sich genau zu überlegen, wie man sie unterstützen kann.

Der richtige Kindergarten

In der Krippe und im Kindergarten ist das Kind mit seiner Introvertiertheit auf sich gestellt. Es muss zum ersten Mal alleine klarkommen in einer Welt, die manchmal ein bisschen lauter aufdreht. Eine Herausforderung auf der einen Seite – aber auch der perfekte Ort, um das Überleben in einer lauten Gesellschaft zu trainieren. Denn im besten Fall ist der Kindergarten ein Ort, an dem sich die Kleinen in geschütztem Rahmen ausprobieren können. Gut wäre es, wenn das Kind bis dahin schon gelernt hat, dass es völlig in Ordnung ist, wenn es manchmal ein bisschen mehr Ruhe als andere braucht. Denn ab jetzt wird es seine Grenzen alleine erkennen und aufzeigen müssen. Das gilt natürlich für alle Kinder, aber Introvertierten fällt es oft schwerer. Eltern können einiges tun, um ihre Kinder auf diesen Weg vorzubereiten. Ich selbst habe die Sache bei meiner Tochter im ersten Anlauf so richtig gegen die Wand gefahren. Dazu muss man vielleicht sagen, dass Eltern in meinem Hamburger Stadtteil oft vorgegaukelt wird, ein Kindergartenplatz sei eine Art Lottogewinn. Als ich mich also auf die Suche machte nach einem geeigneten Kindergarten, hatte ich das Gefühl, keine große Wahl zu haben. Nicht, dass ich den erstbesten genommen hätte. Den erstbesten lehnte ich tatsächlich ab, nachdem ich auf dem Boden mehrere Nadeln fand und die verantwortliche Erzieherin merkwürdig teilnahmslos wirkte. Der zweite Kindergarten lehnte uns ab. Ich nehme stark an, dass wir die falschen Berufe ausübten und die falschen Schuhe anhatten. Als vom dritten Kindergarten eine Zusage kam und dort unserem Eindruck nach weder Zombies arbeiteten, noch unsere Schuhe beachtet wurden, sagte ich zu. Der Kindergarten hatte den Ruf, ein bisschen laut zu sein, ein bisschen anarchisch, aber ich dachte mir, dass das perfekt zu meiner extrovertierten Tochter passen würde. Die würde das schon wegstecken – oder vielleicht sogar richtig aufblühen.

Was dann folgte, war eine sehr, sehr anstrengende Zeit. Ich kann bis heute natürlich nicht hundertprozentig sagen, was es war: der Kindergarten oder die Trotzphase oder sonst irgendein Pups im Universum – aber meine Tochter drehte in dem ersten Jahr Kindergarten durch. Sie hatte Schreianfälle aus der Hölle, oft vor dem Kindergarten, aber eigentlich immer danach. Ich muss das jungen Eltern nicht beschreiben, nur so viel: Es war die Art von Schreianfällen, bei der Mitmenschen sich empört umdrehen, man selbst Blut und Wasser schwitzt, hofft, dass niemand das Jugendamt holt, und am Ende ernsthaft darüber nachdenkt, das Kind zum Arzt zu bringen, weil man es über Stunden nicht beruhigen kann. Natürlich kann man jetzt sagen: Völlig normal für eine Dreijährige, was wollt ihr denn? Aber wenn man sich selbst in dieser Situation befindet, will man nichts anderes, als dass es aufhört. Wir haben sehr, wirklich sehr lange die Schuld bei uns gesucht und alles verändert, was man im Leben einer Dreijährigen verändern kann: Essenszeiten, Schlafenszeiten, Rituale und Gewohnheiten. Nichts half. Dann richteten wir unsere Augen auf den Kindergarten. Er war groß. Er war laut. Er hatte keinen Garten. Holten wir unsere Tochter im Sommer ab, stank es in den Räumen wie in einer Höhle mit wilden Tieren. Die Toiletten hatten kein Fenster, weswegen die Türen immer offen standen. Es gab viel Geschrei und Gerenne, was euphemistisch «freies Spiel» genannt wurde. Schreien mussten auch die Erzieherinnen, eigentlich die ganze Zeit, damit sie überhaupt jemand hörte. Beobachtete ich unsere Tochter dort, wirkte sie auf mich wie ein kleines Fischlein, das in einem Meer aus Geschrei und Hektik durch die Gegend gespült wurde und dabei versuchte, sein Plätzchen zu finden. Meine Vermutung war, dass sie, sobald sie raus war aus diesem Gefüge, einfach nicht mehr konnte, und all die Anspannung der vergangenen Stunden sich in Geschrei ihren Weg nach draußen bahnte. Obwohl mein Kind normalerweise nicht besonders empfindlich war, reagierte sie empfindlich auf diesen Kindergarten. Für extrovertierte Kinder war dieser Ort schwierig, für introvertierte Kinder musste er die Hölle sein.

Mit viel Glück bekamen wir einige Zeit später einen Platz im meinem Gefühl nach besten Kindergarten der Welt angeboten: kleine Räume, kleine Gruppen, entspannte Erzieher und ganz viel Wertschätzung den Kindern gegenüber. Trotzdem zögerte ich. Ich wollte nicht, dass ich meine Gefühle, die ich selbst als introvertierte und hochsensible Mutter hatte, auf mein Kind projiziere. Vielleicht lag es ja doch nicht am Kindergarten? Vielleicht empfand nur ich die Umgebung dort als hochgradig stressig, und ich nahm meine Tochter jetzt aus einem Umfeld heraus, an das sie sich gerade gewöhnt hatte?

Im Nachhinein ist es seltsam, wie schwer mir eine eigentlich so einfache Entscheidung schien, aber ich wollte eben die richtige Entscheidung für mein Kind treffen und nicht die richtige Entscheidung für das Kind, das *ich* einmal gewesen war. Am Ende habe ich auf mein Bauchgefühl gehört – und der Knoten löste sich auf wunderbare Weise einfach auf. Ich meldete unsere Tochter um, die Eingewöhnung im neuen Kindergarten dauerte nur ein paar Tage, die Schreianfälle traten tatsächlich nie wieder auf. Es war unglaublich. Die veränderte Umgebung hatte mein Kind verändert.

Ich weiß, wie schwer es an manchen Orten sein kann, überhaupt einen Betreuungsplatz für sein Kind zu finden. Ich wohne selbst an einem solchen Ort. Trotzdem will ich mit meiner Geschichte verdeutlichen, wie wichtig es sein kann, ganz genau hinzuschauen und dann eben auch zu kämpfen, wenn man das Gefühl hat, dass das Kind leider am falschen Platz gelandet ist. Noch heute treffe ich Eltern, die ebenfalls sehr unglücklich mit unserem alten Kindergarten sind, die ihre Kinder nun aber seit Jahren dort haben und finden: «Jetzt ist es auch irgendwie zu spät zum Wechseln, ist ja nur noch ein Jahr.» Ein Jahr, das in einem Kinderleben unglaublich prägend sein kann – im Positiven wie im Negativen.

Perfekt wäre es also, von Anfang an den richtigen Kindergarten zu finden. Für die Suche gibt es genug Tipps im Netz. Eltern von introvertierten Kindern möchte ich im Speziellen noch folgenden Fragenkatalog ans Herz legen:

- Wie groß ist der Kindergarten insgesamt?
- Wie groß sind die Gruppen?
- Wenn die Gruppen klein sind, wie oft werden sie zusammengelegt, zum Beispiel zum Essen?

- Wie trubelig wird es zu Stoßzeiten, wenn Kinder gebracht und abgeholt werden?
- Wie ist die Lautstärke?
- Wie hellhörig ist es, hallt es stark?
- Wenn sich der Kindergarten Zeiten für «freies Spiel» auf die Fahnen schreibt, wie genau sieht das dann aus? (Manchmal ist es einfach nur gleichbedeutend mit einem ziemlich lauten, großen Chaos.)
- Gibt es einen Toberaum, damit Kinder, die Lust auf Bewegung und Geschrei haben, das ausleben können, ohne damit andere zu stören? Gibt es Rückzugsmöglichkeiten und Kuschelecken? Wie gepflegt sehen die aus?
- Fragen, die man nur beantworten kann, wenn man mal einen Tag vor Ort ist: Wie individuell werden die Kinder von den Erziehern behandelt?
- Werden Kinder verurteilt oder sind die Erzieher zum Beispiel genervt, wenn Kinder nicht mit dem Strom schwimmen?
- Gehen sie auf die Bedürfnisse von leisen Kindern ein? Oder werden sie als Sonderlinge abgestempelt, wenn sie gerne mal allein puzzeln, statt mit den anderen zu toben?
- Nimmt sich ein Erzieher auch mal die Zeit, um zum Beispiel eine Geschichte nur für ein paar Kinder vorzulesen?

Den perfekten Kindergarten gibt es nicht, aber wenn man einen gefunden hat, der schon mal bei einigen dieser Fragen gut abschneidet, ist man schon auf einem passablen Weg.

Darüber hinaus kann man natürlich auch selbst noch etwas dazu beitragen, dass das Kind sich wohlfühlt, zum Beispiel indem man es, sofern möglich, nicht gerade zu den besonders trubeligen Zeiten bringt und abholt, sondern lieber eine Viertelstunde davor oder danach. Man kann dem Kind, falls es mal Ruhe braucht und sich nicht zurückziehen kann, Schallschutzkopfhörer kaufen – die gibt es inzwischen extra für kleine Kinderohren (hier in Hamburg sehe ich manchmal Kinder mit diesen Kopfhörern, wenn sie zum Beispiel mit ihren Eltern ein großes Basketballspiel o. Ä. besuchen).

Vor allem kann man dem Kind nach dem Kindergartenbesuch seine Ruhe gönnen. Es hat fünf bis acht Stunden in einer Gemeinschaft verbracht, ausgiebig gespielt, sich an Regeln gehalten und in die Gruppe eingefügt. Es hat eine Pause verdient. Keine Spielplatzbesuche, keine erzwungenen Playdates. Nun darf das Kind entscheiden. Und wenn die Entscheidung darauf fällt, zu Hause alleine im Zimmer zu basteln, sollte das absolut in Ordnung sein.

Die richtige Schule finden

Eine noch größere Herausforderung als das oft immerhin noch ein bisschen geschützte Umfeld des Kindergartens kann die Schule werden. Mündliche Noten, Gruppentische, Teamarbeit und extrovertierte Mitschüler haben das Potenzial, stillen Kindern das Leben manchmal richtig schwer zu machen – das hat Alexandra Tobor ein paar Seiten zuvor eindrucksvoll beschrieben.

Aber auch für die Schule gilt: Es gibt viele Möglichkeiten, die Sache für sein introvertiertes Kind leichter zu gestalten.

Zuerst einmal bei der Wahl der Schule selbst. Hier gelten ähnliche Fragen wie für den Kindergarten:

- Wie groß sind die Klassen?
- Wie viele Kinder sind in den Klassen?
- Wie sind die Räume aufgeteilt? Und die Gänge?
- Hallt es laut, wenn man spricht?
- Gibt es Rückzugsräume im Inneren und auch draußen auf dem Schulhof?
- Was für Lehrer unterrichten hier – und mit welcher Philosophie?
- Wie stehen die Tische?
- Gibt es einen Fokus auf Teamarbeit? Oder wird mehr Frontalunterricht erteilt?

Introvertierte Kinder lernen oft besser im Frontalunterricht als in Gruppen. Sie können sich dann ganz auf eine Person und die Inhalte konzentrieren. Wenn vorwiegend Teamarbeit in großen Gruppen von fünf oder mehr Kindern praktiziert wird, können stille Kinder dort untergehen. Zum Beispiel, weil sie von vornherein ihr Wissen nicht mit der Gruppe teilen. Aus Unsicherheit, wie wertvoll ihr Beitrag denn eigentlich ist. Stille Kinder überlegen oft sehr lange, ob sie der Diskussion etwas hinzufügen können und möchten. Manchmal sind dann andere schneller. Oder die Gruppe wandert einfach zum nächsten Thema, ohne dass überhaupt alle Sichtweisen abgefragt wurden. Auch beim späteren Präsentieren der Ergebnisse kann es passieren, dass sich die stillen Kinder so zurückhalten, dass sie kaum die Lorbeeren für die Arbeit abbekommen, die sie im Hintergrund jedoch geleistet haben.

Was bei vielen Introvertierten besser klappt, ist die Arbeit in Zweierteams. Hier können sie in Ruhe ihr Wissen mitteilen, sich mit nur einer Person austauschen und im besten Fall können sie eben auch gemeinsam präsentieren. Es lohnt sich also, hier konkret nachzuforschen, welche Unterrichtsformen in welchem Verhältnis angewandt werden.

Leider hängt das Wohlbefinden zu einem großen Teil an einem Faktor, den man nur schwer beeinflussen kann: die Lehrer-Lotterie. Es ist erstaunlich, welchen großen Effekt Lehrer auf das Lernen, die Motivation und natürlich auch die Noten ihrer Schüler haben. Oft sogar, ohne dass sie es wissen. Interessant in diesem Zusammenhang ist der «Golem-Effekt»: Er besagt, dass negative Erwartungen von Autoritätspersonen automatisch dazu führen, dass auch ihre Untergebenen weniger an sich selbst glauben. Lehrer, die ihre Schüler also für nicht besonders schlau halten, beeinflussen ihre Schüler mit dieser Haltung so sehr, dass diese tatsächlich schlechtere Leistungen erbringen. Eine sich selbst erfüllende Prophezeiung. Vor allem an Schulen wurde der Golem-Effekt gründlich untersucht. Die Studien ergaben: Auch wenn völlig willkürlich über einen bestimmten Schüler behauptet wurde, er sei nicht besonders schlau, veränderte sich nicht nur das Verhalten des Lehrers ihm gegenüber, sondern auch das der Schüler selbst. Wer also an einen Lehrer gelangt, der Zurückhaltung bei der mündlichen Mitarbeit immer noch als einen Makel empfindet, läuft Gefahr, am Ende tatsächlich schlechter beurteilt zu werden als seine Mitschüler.

Während ich dieses Buch schreibe, beschäftigen wir uns mit der Frage, auf welche Schule unsere Tochter im kommenden Jahr gehen soll. Eine Frage, mit der man sich stundenlang aufhalten kann, Hunderte verschiedene Meinungen anhören und diverse Bücher lesen könnte.

Aber alles Grübeln wird, wie wir gerade gesehen haben, nicht viel nützen, da man sich die Lehrerinnen (und Klassenkameraden!) nicht aussuchen kann. Was frustrierend klingt, hat ja aber vielleicht auch einen entlastenden Aspekt: Da man es nicht ändern kann, muss man sich die Entscheidung vielleicht gar nicht so schwer machen, und stattdessen offen und gut vorbereitet dem entgegentreten, was – und wer – auch immer da kommen mag. Was dabei helfen kann, soll im Folgenden Thema sein.

Eingewöhnung in der Schule

Obwohl Kinder bei Schuleintritt erst um die sechs Jahre alt sind, gibt es in den allermeisten Schulen keine sanfte «Eingewöhnung», wie sie es noch im Kindergarten gegeben hat. Vom Kind wird erwartet, dass es sich ziemlich schnell ohne Eltern im neuen System zurechtfindet. Bei allem Verständnis dafür, dass es eventuell übertrieben wäre, wenn Papa und Mama erst noch eine Woche gemeinsam mit den Erstklässlern auf Ministühlchen herumsitzen, stehen manche Eltern nun vor einem Problem: das stille Kind so gut wie möglich darauf vorzubereiten, dass es demnächst alleine durch den Schulalltag kommen muss.

Ist eine Schule in der engeren Wahl, kann es eine gute Idee sein, gemeinsam mit dem Kind den Tag der offenen Tür zu nutzen. Eine tolle Gelegenheit, um sich ganz unbefangen ein Bild von der Schule zu machen, Räume anzuschauen, die älteren Kinder zu beobachten und vielleicht sogar schon ein paar Lehrer kennenzulernen. Alles noch an Mamas oder Papas Hand.

Zusätzlich kann man den Ort vor der Einschulung mit dem Kind in den verschiedenen Stadien des Schulalltags besuchen. Wie sieht es dort zum Beispiel aus, wenn die Schule vorbei ist? Kann man auf dem leeren Schulhof gemeinsam gute Rückzugsecken entdecken? Vielleicht gibt es ein paar Spielgeräte, die das Kind schon mal testen kann? Auf diese Art wird es den Ort ein bisschen mehr «in Besitz» nehmen, er wird ihm von Mal zu Mal vertrauter.

Ein nächster Schritt könnte sein, die Schule noch mal zu besuchen, wenn der Unterricht läuft bzw. zu beobachten, was passiert, wenn die Pause beginnt und die Massen auf den Schulhof strömen. Wie fühlt sich das in diesem Moment an? Was machen die Kinder? Wo sind die älteren, wo die kleineren? Wo sind die lauten, und wo geht es eher leise zu?

In dem riesigen neuen Kosmos Schulhof seinen Platz zu finden, ist wahrscheinlich für viele Kinder eine Herausforderung. Dann noch einen Platz zu finden, der einem guttut, und an den man nicht irgendwie zufällig gelangt, weil eben die anderen hier sind, ist sogar noch schwieriger. Darum im Folgenden die Frage:

Wie geht eigentlich «Pause»?

Wie verbringt man eigentlich eine Pause? Ich kann mich nicht erinnern, in meiner Schulzeit jemals mit einem Erwachsenen darüber gesprochen zu haben. Wichtig waren die Schulstunden, die Noten, die Fächer, die Klassenarbeiten. Die Zeit dazwischen, die man dringend braucht, um sich zu erholen und zu verarbeiten, sich auf etwas Neues einzulassen, war irgendwie nie ein Thema. In der Pause wurde man mit Hunderten anderen Kindern auf den Schulhof gespült und sich selbst überlassen. Aber ist es nicht unlogisch, dass in den Pausen alle mehr oder weniger das Gleiche machen, wenn wir doch so unterschiedlich sind und somit auch verschiedene Arten bevorzugen, uns zu entspannen?

Sich selbst, aber auch gemeinsam mit seinem Kind, Gedanken darüber zu machen, wie man nach einer anstrengenden Zeit wieder die Batterien aufladen kann, ist enorm wichtig, weil es abstrahlt auf unser ganzes späteres (Berufs-)Leben. Was mache ich in den Pausen – und tut mir das gut?

Pausen sind dazu gemacht, sich zu erholen und fit zu werden für die nächste Unterrichtseinheit. Aber wie erholen sich denn die Kinder auf dem Schulhof – und was meint das eigene Kind, was am erholsamsten wäre? Brötchen essen mit Freunden in der Cafeteria? Seil springen? Klettern? Fußball spielen? Allein? Zu zweit? Mit der ganzen Klasse?

Ich will nicht dafür plädieren, dass introvertierte Kinder sich in der Pause abschotten sollen – sie sollen nur ermutigt werden, ihren eigenen Weg zur Erholung zu finden. Der kann anders aussehen als bei den anderen Kindern. Ich zum Beispiel bin mit meiner Freundin in der Pause über den

Schulhof gelaufen, immer wieder im Kreis. «'ne Runde drehen» nannten wir das. Dabei beredeten wir, was uns auf dem Herzen lag.

Um den Horizont des Kindes für die Vielfalt an Möglichkeiten ein bisschen zu öffnen, kann es helfen, ihm zu erzählen, wie man selbst als Kind am liebsten die Pausen verbracht hat. In jedem Fall sollte es darin bestärkt werden, auf sein Bauchgefühl zu hören und das zu tun, was ihm guttut – unabhängig davon, was andere tun.

Gute Chancen beim Lernen

Die gute Nachricht für alle Eltern stiller Kinder lautet, dass ihre Kinder durch ihren introvertierten Charakter automatisch ein paar Eigenschaften mitbringen, die ihnen den Schulalltag grundsätzlich erleichtern. Die Introvertierten-Expertin Sylvia Löhken nennt in ihrem Buch *Leise Menschen – starke Wirkung*[19] direkt zu Anfang folgende Stärken leiser Menschen: Sie
- können sich sehr gut konzentrieren, haben keine Probleme zuzuhören,
- sind stark im analytischen Denken und
- fallen durch große Beharrlichkeit auf.

Betrachtet man allein diese Charakterzüge, wird schnell klar, dass Lernen, Verstehen, Üben und Wiedergeben für introvertierte Kinder in der Regel keine große Herausforderung darstellen. Würden sie also in eine deutsche Schule der 50er-

Jahre gehen oder auch in eine durchschnittliche japanische Schule der heutigen Zeit – sie wären die perfekten Schüler. Womit wir wieder bei der Feststellung sind, dass die Anforderungen an Kinder sehr davon abhängen, in welcher Zeit und an welchem Ort sie sich auf dieser Welt zufällig gerade befinden.

Aus guten Gründen allerdings haben sich unsere Schulen weiterentwickelt. Mit ein bisschen Verständnis und einigen Tricks werden aber auch stille Schüler glücklich an ihrer Schule – denn nur, weil sie nicht grundsätzlich dazu neigen, sich gerne auf Bühnen zu stellen, im Mittelpunkt zu stehen oder die Stimme zu erheben, heißt es nicht, dass sie das nicht *können*. Es ist nur so, dass die Hürde, solche Dinge zu tun, für sie viel höher ist als bei extrovertierteren Kindern. Der einfachste Motivator, diese Hürde zu überwinden, ist bereits in den Vorgängerkapiteln angeklungen: Interesse an einem Thema. Wer für eine Sache wirklich brennt, der ist eher bereit, sie mit anderen zu teilen. Egal ob es darum geht, vor der Klasse ein chemisches Experiment vorzuführen oder das selbst geschriebene Theaterstück zu inszenieren: Der Drang zur Selbstdarstellung, der introvertierten Kindern fehlt, wird oft wettgemacht durch ihre Begeisterung für ein bestimmtes Thema.

Bei der Recherche zu diesem Buch stieß ich auf die Hamburger Unternehmensberaterin Gianna Possehl. Sie arbeitet mit ihrer Firma *basic°* unter anderem für große Digitalunternehmen. Oft begleitet sie deren Mitarbeiter vor öffentlichen Auftritten oder Reden. Possehl sagt mir: «Viele der Speaker, auf die ich bei meiner Arbeit treffe, sind eher introvertiert veranlagt. Sie suchen die Bühne nicht unbedingt freiwillig auf. Eigentlich sind sie eher inhaltsgetrieben. Aber sie wissen, dass das Reden vor Menschen eben auch zu ihrem Job gehört.»

Possehl meint, es gebe keinen Schalter, den man umlegen könne – und schon sei man extrovertiert. Sie nähere sich mit ihren Klientinnen stattdessen langsam dem Thema an und frage: Wie können wir die Zeit für dich auf der Bühne möglichst angenehm machen? Und wie für das Publikum möglichst interessant? Mit welcher Sprache fühlst du dich sicher? Und mit welcher Gestik? Wichtig sei, so Possehl, dass introvertierte Menschen bei ihren Auftritten ganz bei sich seien. Sie will keine fremdgesteuerten Clowns produzieren.

Aber wie schafft man es, so kurz vor einem wichtigen Auftritt zu sich zu kommen, in sich selbst zu ruhen? Possehl verrät mir den Trick der «Powerpose», eine Körperhaltung, in die man sich begeben kann, um möglichst viel Raum einzunehmen: breitbeinig hinstellen, Arme nach oben, Brust raus. Diese Pose macht man natürlich nicht vor Publikum, sondern kurz vor dem Auftritt in einem geschützten Raum. Studien haben erwiesen, dass Menschen, die solche Positionen einnehmen, positive körperliche und psychische Veränderungen bemerken. Durch das Einnehmen dieser Posen geht der Testosteronspiegel automatisch nach oben, was bewirkt, dass die Selbstsicherheit steigt. Das Kortisonlevel hingegen wird gesenkt, wodurch man weniger Stress empfindet. Amy Cuddie, eine der Forscherinnen auf diesem Gebiet, präsentierte ihre Powerposen später in einem legendären TED-Talk, den man im Netz finden kann.[20]

Inzwischen gibt es auch Studien, die die Macht der Powerposen infrage stellen, aber Possehl sagt, sie sei nach wie vor überzeugt von dieser Art Trick, «körpereigene Drogen zu nutzen». (Wer es mal ausprobieren möchte, stellt sich zwei Minuten in eine Powerpose und beobachtet einfach selbst, was das mit Körper und Selbstbewusstsein macht.)

Possehl ist der Ansicht, dass solche Übungen zur Not auch auf der Schultoilette vor Referaten helfen können. Sie hat selbst drei introvertierte Kinder, denen sie diesen und ähnliche Tipps gerne an die Hand gebe. Und dann erzählt sie mir noch eine wunderbare Geschichte von ihrem ältesten Sohn. «Als es an der Schule meines Sohnes so weit war und sich alle ein Praktikum suchen sollten, haben wir gemeinsam überlegt, was er tun könnte. Ich kenne viele Agenturen und große Firmen und hätte ihm da sicherlich etwas vermitteln können, aber er wollte das alles nicht. Als er uns dann sagte, was er wollte, waren wir erst mal erstaunt. Er hat sich entschieden, sein Praktikum in einem ganz normalen Café hier in Hamburg als Servicekraft zu machen. Und er nannte uns auch einen Grund für diese Entscheidung: Er wollte lernen, seine eigenen Grenzen zu überwinden und mit Fremden in Kontakt zu kommen. Drei Wochen hat er dort gekellnert. Danach habe ich ihn zum Essen eingeladen. Und er hatte sich verändert. Früher hatte er sich im Kontakt mit Kellnern immer etwas abweisend verhalten, einfach aus Unsicherheit heraus. Aber nun hatte er am eigenen Leib erfahren, wie schrecklich es ist, wenn Menschen zu Kellnern nicht freundlich sind, nicht grüßen, nicht lächeln. So wollte er nicht mehr sein. Seitdem hält er im Restaurant immer Augenkontakt mit dem Kellner oder der Kellnerin, grüßt und ist höflich. Das war wie ein Grundstein, den er sich selbst gelegt hat und der ihn seitdem begleitet. Ich glaube, dass er den

Rest seines Lebens davon zehren kann.» Ich mag diese Geschichte von Possehl und ihrem Sohn sehr, weil sie zeigt, wie gut sich ein introvertierter Jugendlicher auf seine eigenen Instinkte verlassen, einen Plan geschmiedet und am Ende davon profitiert hat. Und weil sie zeigt, dass unsere Kinder ihre Persönlichkeitsentwicklung durchaus selbst in die Hand nehmen, wenn wir sie nur lassen.

Der Trick mit dem Sitzplatz

Wie man auf dem Pausenhof seinen Lieblingsplatz findet, habe ich bereits beschrieben. Aber die meiste Zeit verbringt man im Klassenraum. In der Regel hat ein Kind im Laufe seiner Schulkarriere mehrmals die Möglichkeit, sich seinen Platz auszusuchen – sofern die Sitzordnung nicht vom Lehrer bestimmt wird. Hier möchte ich eine Erfahrung aus meiner eigenen Kindheit teilen, von der ich heute manchmal noch profitiere: zu überprüfen, ob der Platz, den man sich spontan aussuchen würde, wirklich der beste ist. Wahrscheinlich neigt man als stiller Mensch eher dazu, sich nach hinten zu setzen. So kann man schön in – bzw. hinter – der Masse verschwinden. Der Lehrer sieht einen vielleicht nicht so genau und man selber hat alle im Blick und niemanden im Nacken sitzen. Da introvertierte Kinder gerne beobachten, scheint ihnen dieser Platz erst mal sicher und attraktiv.

Was aber passiert, wenn man sich melden möchte? Ich fand es als Kind immer wahnsinnig unangenehm, wenn die Lehrerin mich drannahm und sich dann zwanzig Kinderköpfe zu mir umdrehten. Ich hielt meine Antwort dann lieber kurz. Oder zeigte gar nicht mehr auf. Im Laufe meiner Schullaufbahn habe ich dann herausgefunden, wo für mich der bessere Platz ist: ganz vorne. Das erscheint erst mal ungewöhnlich. Gerade als ich älter wurde, war es normal, dass alle meine Freunde die hintersten Plätze stürmten und das auch von mir erwarteten. Denen musste ich erst mal erklären, dass ich mich vorne sehr viel besser konzentrieren konnte. Cool war das nicht. Trotzdem: Das war einer der wichtigsten Lifehacks meines stillen Lebens. Plötzlich konnte ich aufzeigen und mit dem Lehrer eins zu eins sprechen, mich nur auf ihn konzentrieren. Ich meldete mich mehr und redete länger. Ich konnte so kommunizieren, als wären wir nur zu zweit.

Leider kann ich nicht behaupten, dass ich eine gute Schülerin war, ich habe gerade so das Abitur geschafft. Aber hätte ich diesen Trick nicht angewandt, ich hätte wohl heute gar keinen Abschluss, da bin ich mir sicher.

Achtung: Manchmal tendieren Lehrer dazu, die lauten Schüler extra neben die ganz leisen zu verbannen, damit diese die Quatschmacher positiv beeinflussen – und so einen ungestörteren Unterricht ermöglichen. Eine verständliche Methode, und manchmal funktioniert sie auch. Aber nicht immer: Im schlechtesten Fall nämlich ist das stille Kind so angestrengt vom lauten, dass es sich nicht mehr konzentrieren kann – und badet am Ende etwas aus, wofür es überhaupt nicht verantwortlich ist.

Doch selbst, wenn man den perfekten Sitzplatz gefunden hat, bleibt die mündliche Mitarbeit oft eine Hürde für stille Kinder. Viele introvertierte Schüler machen ordentliche Hausaufgaben, schreiben grandiose Texte und perfekte Klassenarbeiten – bekommen aber eben im Unterricht den Mund nicht auf. Und leider beurteilen Lehrer extrovertierte Schüler oft besser als die stillen. Die lauten und auffälligen bekommen die Aufmerksamkeit – und oft die guten Noten.

Hier muss das Kind definitiv ab und zu aus seiner Komfortzone heraustreten. Den Lehrer auf sich aufmerksam zu machen, kann man üben – und von Elternseite natürlich auch dazu motivieren. Zum Beispiel kann man mit dem Kind besprechen, dass es versucht, in jeder Unterrichtsstunde mindestens einmal aufzuzeigen – drangenommen wird man dann auf jeden Fall, kann ich aus eigener Erfahrung sagen.

Eine weitere Erfahrung in diesem Zusammenhang: Es ist wesentlich einfacher, wenn man sich außerdem zum Ziel setzt, diesen Beitrag am Anfang der Stunde zu leisten. Sonst sitzt man die ganze Stunde lang mit schwitzigen Händen und pochendem Herzen da und denkt: Jetzt, jetzt, jetzt zeige ich auf. Ist es dem Kind gelungen, ganz am Anfang etwas beizusteuern, kann es sich zurücklehnen und dem Verlauf des Unterrichts entspannt folgen. Diese Methode hat im Erwachsenen-Coaching übrigens einen Namen: Es ist das «Eat the Frog»-Prinzip. Erfunden wurde es vom amerikanischen Autor und Erfolgscoach Brian Tracy, der darüber ein ganzes Buch geschrieben hat.[21] Tracy nutzt den Frosch als Bild für eine besonders unangenehme oder schwierige Aufgabe. Er war auf die Idee für dieses Bild gekommen, nachdem er bei dem Schriftsteller Mark Twain folgendes Zitat gefunden hatte: «Eat a live frog first thing in the morning and nothing worse will happen to you the rest of the day.» Sinngemäß bedeutete das also, dass man als Erstes morgens einen lebendigen Frosch essen soll, weil einem dann nichts Schlimmeres mehr passieren kann. Tracy übertrug das auf unangenehme Alltagsdinge und empfahl, diese gleich am Morgen zu erledigen: der Anruf, um den man sich schon lange herumdrückt, oder die unvermeidliche Steuererklärung – eben Aufgaben, die man immer wieder gerne aufschiebt. Und vielleicht kennen Erwachsene den Grund, warum Tracys Empfehlung so gut funktioniert: Wer etwas Unangenehmes erledigt hat, fühlt sich den Rest des Tages besser und spart Energie, die er sonst damit verschwendet hätte, sich vor der unangenehmen Aufgabe zu drücken.

Der richtige Zeitpunkt für Introvertierte, «laut» zu werden, spielt übrigens nicht nur in der Unterrichtsstunde eine Rolle. Auch im jeweiligen Schuljahr oder Schulgefüge ist es wichtig, sich möglichst schnell einmal Gehör zu verschaffen. Denn natürlich bekommt jemand, der das ganze Jahr über nichts zum Unterricht beigetragen hat und sich dann endlich ein Herz nimmt und meldet, eine ziemlich große und wahrscheinlich unwillkommene Aufmerksamkeit von Klasse und Lehrer.

Schulkinder können solche Zusammenhänge durchaus schon verstehen. Ich erinnere mich, wie meine Mutter in meiner Grundschulzeit von einem Elternabend gekommen ist. «Es ist immer das Gleiche», hatte sie beobachtet, «wenn bei so einem Elternabend viele zusammenkommen, die sich noch nicht kennen, dann wird eigentlich immer derjenige zum Elternvertreter gewählt, der sich getraut hat, als Erster etwas zu sagen.»

Was mir aus dieser Erkenntnis meiner Mutter damals in Erinnerung geblieben ist: Befindest du dich das erste Mal in einer größeren Gruppe, ist es wichtig, dir ziemlich am Anfang Gehör zu verschaffen, wenn du am Ende nicht komplett übersehen werden willst. Es kann aber ebenso strategisch wichtig sein, sich am Ende einer Schulstunde oder eben eines Schuljahres noch einmal in Erinnerung zu bringen. Im Erwachsenen-Coaching gibt es für solche Situationen den Leitsatz: «Der erste Eindruck ist entscheidend. Der letzte bleibt.» Oft bezieht sich das auf Verkaufsgespräche unter Vertragspartnern. Aber grundsätzlich ist dieser Satz ein Leitsatz, der sich auf alle zwischenmenschlichen Beziehungen übertragen lässt. Dass der erste Eindruck zählt, haben wir alle schon einmal gehört. Um bei unserem Beispiel zu bleiben: Der Lehrer trifft einen Schüler zum ersten Mal, findet ihn sympathisch, schlau oder lustig. Die berühmte Schublade öffnet sich, der Schüler wird einsortiert. Aus dieser Schublade kommt er dann so schnell nicht mehr raus, egal, ob sie eher negativ oder positiv behaftet ist. Vielmehr bildet diese Schublade die Basis, auf der dann das weitere Miteinander beruht.

Der Satz, dass es der letzte Eindruck ist, der bleibt, ist vielleicht nicht ganz so geläufig. Am eben genannten Beispiel erklärt: Setzt sich der Lehrer am Ende eines Schuljahres hin und entscheidet über Noten, ist dieser letzte Eindruck der, den er in seiner Erinnerung als Erstes wieder abruft. Er prägt das Urteil des Lehrers also besonders stark. So kann der Schüler sich am Ende eines eigentlich ganz guten Jahres mit ein paar unmotivierten Stunden ziemlich viel kaputt machen. Umgekehrt kann er an Boden gewinnen, wenn er in den letzten Unterrichtseinheiten noch mal Gas gibt – das wäre auch mein Tipp an alle Introvertierten.

Mich selbst haben solche Theorien schon als Kind sehr interessiert. Natürlich müssen Kinder all diese Hintergrundinformationen nicht wirklich haben. Wichtig ist nur, gemeinsam zu beratschlagen, wann strategisch gesehen der beste Moment ist, sein Schneckenhaus mal zu verlassen.

Je länger das Kind in der Schule ist, desto mehr eigene Tricks zum guten Überleben und Umgang mit seiner Energie wird es von selbst finden, vor allem, wenn man ihm vorher beigebracht hat, mit solchen Strategien zu arbeiten.

Giraffensprache

Auch wenn man sich alle Mühe gegeben hat, die passende Schule zu finden, den sanftesten Einstieg, dem Kind die besten Tricks mitgegeben hat: Irgendwann wird er fallen, dieser eine unangenehme Satz. Eigentlich sagt ihn wahrscheinlich jedes Kind im Laufe seiner Schulkarriere einmal. Aber Eltern, die um die Gefühlswelt ihres introvertierten Kindes wissen, trifft er wahrscheinlich besonders hart. Er lautet: «Mama, Papa, ich will nicht in die Schule.» Dieser Satz, im schlimmsten Fall noch begleitet von Bauchschmerzen, Kopfschmerzen, Übelkeit und Tränen, ist so ziemlich das Letzte, was Eltern gerne hören möchten, wenn sie morgens gerade im Stress sind, alle Kinder satt und angezogen in die Schule zu bekommen, und selbst danach zur Arbeit hetzen müssen. Und so gerne man in diesem Moment Sätze wie diesen wegbügeln, sie so schnell wie möglich wieder loswerden will, so wichtig ist es, dass man sich ihnen widmet. Mit Zeit, Verständnis und Geduld. Also, auch wenn es unangenehm wird: nachfragen, zuhören. Da sein.

Vielleicht schafft man es nicht am selben Morgen zwischen Pausenbrotschmieren und Montagsmeeting. Aber spätestens am selben Abend sollte Zeit dafür sein. Und zwar auch dann, wenn es vom Kind gar nicht noch einmal angesprochen worden ist. Weil es vielleicht gerade den Abend genießen will. Weil es sich vielleicht gerade jetzt nicht schon wieder Sorgen um den nächsten Tag machen möchte.

Als Erstes sollte geklärt werden, ob es sich nicht um Probleme handelt, die mit der Introvertiertheit des Kindes gar nichts zu tun haben; es zum Beispiel gemobbt wird oder im Unterricht nicht klar kommt. Wenn das nicht der Fall ist, die Schule eigentlich die richtige ist, das Kind Freunde hat und es sich grundsätzlich wohlfühlt, hat sein Nicht-in-die-Schule-gehen-Wollen vielleicht etwas mit seiner Sehnsucht nach Stille zu tun. Schließlich ist es für die meisten Kinder eine ganz neue Erfahrung, gemeinsam mit Hunderten anderen Kindern stundenlang in einem Gebäude Zeit zu verbringen und dabei gleichzeitig Leistung zeigen zu müssen.

Ein guter Weg, um mit seinem Kind über diese Art von Ängsten und Problemen zu kommunizieren, ist die «Gewaltfreie Kommunikation» (GFK). Entwickelt hat sie um 1940 der amerikanische Psychologe Marshall B. Rosenberg.[22] Seiner Arbeit liegen eigene Diskriminierungserfahrungen zugrunde: Nachdem er sein Leben lang Ausgrenzungen aufgrund seiner jüdischen Wurzeln erfahren hatte, verfolgte er mit dieser Art der Kommunikation ein wichtiges Lebensziel: gemeinsam eine Sprache zu finden, die Vertrauen schafft, Bindung fördert und niemanden verletzt, auch wenn die besprochenen Themen als schwierig und belastend empfunden werden. Es geht bei der GFK darum, bewusster zuzuhören und unserem Gegenüber respektvoll zu begegnen. Ehrlich zu kommunizieren, gleichzeitig aber auch rücksichtsvoll und einfühlsam zu sein. Gerade stille Kinder reagieren sehr sensibel auf sprachliche Verletzungen, was daran liegt, dass sie eben sehr genau hinhören und über Gehörtes nachdenken. Deswegen eignet sich diese Art der umsichtigen Kommunikation meiner Erfahrung nach besonders gut für Gespräche mit ihnen.

Aus diesem Grund wird die GFK übrigens auch als «Giraffensprache» bezeichnet. Der große Hals der Giraffe symbolisiert ihre Weitsicht, ihr Herz ist das größte aller Landsäugetiere.

Um zu verdeutlichen, wie diese Art der Sprache funktioniert, machte ihr Erfinder Rosenberg in seinen Seminaren oft folgenden Versuch[23]:

Er teilte die Teilnehmer in zwei Gruppen. Beide Gruppen sollten sich vorstellen, sie kämen nach Hause und fänden vor der Haustür überall Müll zerstreut. Nun sollten sie versuchen, den Konflikt mit demjenigen auszutragen, der das Chaos angestellt hat. Der einzige Unterschied zwischen den beiden Gruppen bestand darin, dass die erste sich vorstellen sollte, der Chaosverursacher wäre der nette Nachbar, die zweite Gruppe, der Chaosverursacher wäre das eigene Kind. Ohne zu wissen, dass sie sich in diesem einen Detail unterschieden, arbeiteten beide Gruppen ein Streitgespräch heraus und führten es der jeweils anderen Gruppe vor. Heraus kam: Die Gruppe, die mit ihrem Nachbarn redete, war viel respektvoller und lösungsorientierter als die Gruppe, die das gleiche Problem mit dem eigenen Kind besprach. Bei Letzterer ging es wesentlich respektloser und vorwurfsvoller zu. Sinn dieser Übungen war zu zeigen, wie unterschiedlich wir über das gleiche Problem reden, je nachdem, ob uns ein Erwachsener oder ein Kind gegenübersteht.

Um wertschätzend miteinander zu kommunizieren, schlägt Rosenberg vier Schritte vor, an denen man sich in seinen Gesprächen entlanghangeln kann.

1. Beobachten
2. Eigenes Gefühl dazu äußern
3. Eigenes Bedürfnis formulieren
4. Wunsch äußern.[24]

Im oben genannten Beispiel könnte man also in der Giraffensprache formuliert Folgendes sagen: «Hier liegt ziemlich viel Müll, das macht mir schlechte Laune. Ich würde mich wirklich freuen, wenn es wieder ordentlich wäre. Könntest du das bitte wieder aufräumen?»

Auf diese Art zu kommunizieren braucht ein bisschen Übung. Vor allem, wenn man eigentlich genervt ist. Aber manchmal wirkt sie wie ein kleiner Zaubertrick, gerade in angespannten Situationen.

Kommen wir also zurück zu dem Satz: «Mama, Papa, ich will nicht in die Schule.» Richtig unpassend wäre nun also die Antwort: «Was hast du denn jetzt schon wieder?» oder «Alle deine Freunde gehen doch auch gerne in die Schule, warum musst ausgerechnet du so ein Theater machen?» Wie verletzend und herabwürdigend diese Antworten sind, sollte klar sein. Aber wie könnte eine passendere Reaktion aussehen? Das ist gar nicht so leicht zu beantworten, denn leider gibt es diesen einen Satz, der alle Probleme oder Konflikte auf einen Schlag löst, nicht. Das ist genau der Grund, warum wir es uns gerne leicht machen würden, indem wir dem Kind sagen, es soll sich nicht so anstellen.

Treten wir also einen Schritt zurück. Ein Leitsatz der GFK lautet: Es kann wichtiger sein, ein Bedürfnis zu hören und anzuerkennen, als es sofort zu erfüllen – oder Lösungen anzubieten. Das schnelle Präsentieren von Lösungen kann Frustration auslösen, weil der andere leicht das Gefühl bekommt, sein Problem solle «weggelöst» werden, ohne dass es als solches überhaupt erst mal anerkannt wird. (Die Systematik kommt dem einen oder der anderen mitunter bekannt vor: Man möchte sich einfach bei seinem Partner oder seiner Partnerin ein bisschen über ein Problem auslassen – und bekommt statt eines offenen Ohrs jede Menge Ratschläge. Oft hat man danach das Gefühl, dass das eigentlich nicht das ist, was man wollte. So richtig beschweren kann man sich aber auch nicht; schließlich hat es das Gegenüber doch nur gut gemeint, oder?)

Wie könnte man also auf den Satz «Ich will nicht in die Schule» mithilfe der Giraffensprache antworten? Zum Beispiel so:

«Du hast heute Morgen gesagt, dass du am liebsten nicht gar mehr in die Schule gehen willst.» (Beobachtung)

«Das tut mir total leid für dich.» (Eigenes Gefühl)

«Ich möchte nämlich, dass es dir in der Schule gut geht.» (Bedürfnis)

«Lass uns doch mal gemeinsam hinsetzen und überlegen, was wir dafür tun können.» (Wunsch)

Ich gebe zu, diese Art des Redens ist gewöhnungsbedürftig. Bisweilen klingt es, als spreche man mit einem rohen Ei, da man bewusst versucht, alle Aussagen zu vermeiden, die den anderen verletzen, herabsetzen oder beleidigen könnten. Aber manchmal merken wir im Alltag gar nicht, wie viele kleine Spitzen (siehe *Mikroaggressionen*) wir eigentlich aussenden – dabei wirkt sich eine sensibilisierte, wertschätzende Sprache so positiv auf Kinder aus. Und das Schönste: Gewaltfreie Kommunikation muss keine Einbahnstraße sein. Wer diese Form des Kommunizierens regelmäßig anwendet und sie ernst nimmt, kann sich sicher sein, dass das Gegenüber die Feinheiten dieser Sprache übernehmen und anwenden wird. Meine Tochter jedenfalls sagte letztens zu mir: «Mama, letztes Jahr hatte ich mir ein Pferd zum Geburtstag gewünscht und keins bekommen. Da war ich echt traurig. Was könnte ich tun, damit es dieses Jahr klappt?» – Ich sage es, wie es ist: Ich habe danach zumindest sehr lange darüber nachgedacht.

Unterwegs mit der Schule

Als ich siebzehn Jahre alt war, fuhr ich mit meinem Deutsch-Leistungskurs und zwei weiteren Kursen aus meiner Stufe nach … an dieser Stelle musste ich lange nachdenken. Es war München. Die Stadt selbst hat anscheinend keinen bleibenden Eindruck auf mich gemacht. Ich erinnere mich nicht an viel – und vielleicht gehört sich das so, wenn man mit siebzehn auf eine Klassenfahrt fährt. An was ich mich aber noch genau erinnere: In den Wochen zuvor hatte ich ziemlich viel Energie darauf verwendet, meiner Stufenlehrerin zu erklären, warum ich nicht würde mitfahren können. Ich ahnte, was auf mich zukommen würde. Der Gedanke an permanente Gesellschaft, Dutzende gemeinsame Mahlzeiten und vor allem ausgelassene Partys auf einem Zimmer, in dem ich mich eigentlich würde ausruhen wollen und müssen, machten mir Angst. Aber nicht nur das: Als Belohnung für eine gelungene Reise sollte die ganze Klasse zum Abschluss das Oktoberfest besuchen. (Das Oktoberfest! Wie viel schlimmer kann es für eine introvertierte Jugendliche noch werden?) Ich weiß nicht mehr, woran meine Argumentationen gescheitert sind, irgendwann jedenfalls hatte ich aufgegeben und mich in einem Bus voller aufgedrehter Schüler einen halben Tag lang durch Deutschland fahren lassen, hatte Schloss Neuschwanstein besucht und das erste Mal in meinem Leben Knödel mit Soße gegessen. Viel mehr ist mir wie gesagt nicht im Gedächtnis geblieben, bis auf: Jennifer. Jennifer war nicht in meiner Klasse, aber in der gleichen Stufe wie ich. Ein unscheinbares Mädchen, das so gut darin war, sich am Rand einer Gruppe zu bewegen, dass sie fast unsichtbar schien. Mir jedenfalls war sie nie aufgefallen. Bis jetzt, auf dieser Klassenreise. Und das lag am ehesten daran, dass sie immer exakt den gleichen Abstand zur lärmenden Masse suchte wie ich. Irgendwie stand sie immer da, wo ich stand, egal welcher Programmpunkt gerade anlag. Es war so offensichtlich, dass Jennifer und ich es nicht lange ignorieren konnten. Wir waren wie zwei Magnete, die von der Gruppe abgestoßen wurden und sich gemeinsam in einem bestimmten Radius um die anderen herumbewegten.

Nicht so weit weg, um aufzufallen, aber nicht so nah dran, um dazuzugehören. Wir fanden also auf ganz natürliche Art zueinander. Am Anfang eher aus Zufall, mit den Tagen absichtlicher. Wir trödelten auf Spaziergängen immer hinterher. Wir saßen nebeneinander im Bus. Wir schwänzten zusammen das Oktoberfest – und lasen stattdessen Bücher auf einer Wiese. Wir redeten. Wir lachten. Wir sprachen über das, was uns nervte, und das, was wir mochten. Und als wir zu Hause waren, hörten wir einfach nicht mehr damit auf. Es war schwer zu begreifen: Aber ich hatte auf dieser gefürchteten, verabscheuten, gruseligen Klassenreise eine neue Freundin gefunden.

Rein statistisch gesehen muss es in jeder Klasse mehrere Kinder geben, die in unterschiedlichem Grad introvertiert sind. Vielleicht hat sich das eigene Kind noch nicht mit ihnen angefreundet, vielleicht hat es sie noch nicht mal richtig bemerkt. Aber diese Kinder sind da. In jeder Klasse sitzt eine Jennifer. Und die gilt es zu finden, am besten schon vor der Klassenreise. Denn introvertierte Kinder haben ähnliche Bedürfnisse. Sie können sich zusammenschließen, bei der Reise nebeneinandersitzen, versuchen, ein Zimmer zu teilen, auf dem es dann entspannter zugeht. Gemeinsam ihr Interesse an ruhigeren Unternehmungen verteidigen. Sie können sich gegenseitig versichern, dass sie nicht ganz allein sind auf der Welt. Im schlechtesten Fall kann man auf diese Art eine Klassenreise gut zusammen überstehen. Im besten Fall hat man dabei vielleicht sogar Spaß. Und findet einen Freund.

Abgesehen von der Strategie, das Kind für andere stille Kinder zu sensibilisieren, gibt es noch viele weitere Möglichkeiten, es auf eine Klassenfahrt vorzubereiten. Zum Beispiel, indem man:

- dem Kind von den eigenen Klassenreisen erzählt und all den tollen und auch manchmal schwierigen Dingen, die dort passieren.
- den Lehrer oder die Lehrerin vorher fragt, wie genau die Abläufe sind, um sie mit dem Kind gemeinsam im Vorhinein besprechen und zu schauen, an welcher Stelle Rückzugsmöglichkeiten vorhanden sind.
- plant, was bei Heimweh zu tun ist. Hilfreich kann ein mehrstufiger Plan sein: «Wenn es ein bisschen schlimm wird, suchst du dir eine ruhige Ecke und liest dein Lieblingsbuch. Wenn das nicht hilft, packe ich dir einen Pullover ein, der nach mir riecht. Und wenn du es gar nicht mehr aushältst, rufst du mich an.»
- Als ungefähr so schrecklich wie das Auswählen einzelner Mannschaftsmitglieder beim Sportunterricht empfand ich übrigens früher das Prozedere der Zimmerverteilung auf Klassenfahrten. Hier lohnt es sich, dem Lehrer vorzuschlagen (falls es nicht sowieso schon so gehandhabt wird), die Verteilung in der Klasse vorher ausarbeiten zu lassen, damit vor Ort weniger Chaos herrscht.

Falls das Kind, egal in welchem Alter, entscheidet, dass es die Reise abbrechen will, kann man sich gut an den Tipps für einen abgebrochenen Kindergeburtstag orientieren: Das Kind weiß, dass es in dem Moment von den allgemeinen Erwartungen abweicht. Es braucht nicht extra darauf hingewiesen werden – und sicher auch keine Vorwürfe. Viel eher die schlichte Anerkennung: Hier war deine Grenze, du hast sie gezeigt und durchgesetzt. Komm nach Hause und ruh dich aus.

Stille Schüler im Ausland

Wenn das Kind dann irgendwann einmal so groß ist, dass es über ein Auslandsjahr nachdenkt, lohnt es sich neben den üblichen Kriterien wie Sprache, Gastfamilie, Wohnort etc. auch seine Persönlichkeit mit in die Wahl des Landes einzubeziehen: Ist seine Introvertiert in bestimmten Ländern vielleicht sogar förderlich, während sie ihm in anderen eher das Ankommen und Einleben erschwert?

Wie schon im ersten Kapitel beschrieben, werden leise Kinder in Ländern wie zum Beispiel Kanada oder den USA eher zu Außenseitern. In China hingegen sind bedachte Kinder sehr beliebt und werden mitunter «Wortführer» einer Gruppe. Ich will damit nicht sagen, dass introvertierte Kinder lieber nicht nach Amerika gehen sollten. Aber amerikanische Highschools haben eben oft diese für uns seltsam anmutende Cheerleadermentalität, bei der die leisen Schüler Gefahr laufen, unter die Räder kommen, wohingegen die lauten und extrovertierten Schüler gefeiert werden.

Natürlich ist jede Schule ein bisschen anders und es gibt ganz sicher auch Orte in Amerika, an denen stillere Schüler glücklich werden können. Vielleicht ist es aber auch eine tolle Erfahrung für einen Teenager, an einen Ort zu kommen, an dem seine Eigenschaften per se als wichtig und gesellschaftsrelevant gelten. An dem Stille und Bescheidenheit geschätzt werden und die Zurückhaltenden beliebt sind. In China zum Beispiel gibt es ein Sprichwort, das die dortige Wertschätzung für ruhigere Menschen ganz wunderbar in Worte fasst. Es lautet: «Nur in stillen Gewässern spiegeln sich die Sterne.»

Das letzte Wort zu introvertierten Schülern möchte ich einer Mutter überlassen, die ich während einer der vielen Monate interviewte, in denen die Schulen geschlossen waren. Seit langer Zeit schon war ihr neunjähriger Sohn zu Hause, sie und ihr Mann im Homeoffice. «Es macht ihm überhaupt nichts aus», erzählte sie mir bei einem der langen Spaziergänge, die man so machte, um nicht die ganze Zeit auf einen Bildschirm zu starren. «Natürlich vermisst er das Fußballspielen mit seinen Freunden. Aber ansonsten kommt er wahnsinnig gut alleine klar. Er plant Projekte und tüftelt sie allein in seinem Zimmer aus, sitzt im Garten und streichelt zufrieden die Katze, er liest ein Buch nach dem anderen.»

Ich denke an die vielen anstrengenden, wahnsinnig zehrenden Monate der Pandemie. Monate, in denen alle Eltern (inklusive mir) fast verrückt geworden sind, weil sie gleichzeitig arbeiten und ihre Kinder beschäftigen mussten, die eben nicht so selbstgenügsam wie der oben beschriebene Neunjährige waren. Und stelle dabei fest: Wenn Kindergärten und Schulen schließen, alle plötzlich zu Hause sind und es keine Ablenkungen mehr gibt, dann sind Eltern von stillen Kindern definitiv im Vorteil.

Das introvertierte Kind
und seine Interessen

Um es positiv auszudrücken: Das passende Hobby für sein introvertiertes Kind zu finden, kann für Eltern eine großartige Geduldsübung sein. Aufzeigen, was möglich ist, ohne aufdringlich zu sein. Heranführen, beharrlich sein, aber nicht zwingen. Aufmerksam für die kindlichen Begabungen bleiben – ohne die eigenen Wünsche in das Kind hineinzuprojizieren. Nicht aufgeben, nicht verurteilen, nicht bewerten. Ein schwieriger Drahtseilakt, den Eltern extrovertierter Kinder seltener tanzen müssen – oder vielleicht gar nicht kennen.

Am liebsten allein

Es kann aber auch alles ganz einfach laufen. Manchmal sucht sich das stille Kind sein Hobby nämlich ganz allein und ohne äußere Anstöße. Ja, Lesen ist ein Hobby. Auch im eigenen Zimmer. Auch stundenlang. Und auch, wenn wir Eltern uns das eventuell ein bisschen anders vorgestellt haben.

Ein Hobby soll eine Beschäftigung außerhalb von Kinder-

garten oder Schule sein, die Spaß macht. Die vom Alltags-
stress ablenkt, bei der man im besten Fall in einen «Flow»
kommt (den Zustand höchster Konzentration und völliger
Versunkenheit in eine Beschäftigung). Bei introvertierten
Kindern dient ein Hobby außerdem dazu, sich vom extrovertierten Alltag zu erholen. Sie werden sich also eher für eine
reizärmere Beschäftigung entscheiden, vielleicht sogar eine
Beschäftigung ohne jegliche Sozialkontakte. Ein Hobby ist
etwas, das man für sich macht – und das einem guttut. Wofür
es nicht da ist? Dafür, die Erwartungen ehrgeiziger Eltern
zu erfüllen. (Falls es ganz schlimm wird mit der Sehnsucht
nach einer Hockey-Tochter oder einem Fußball-Jungen hilft
vielleicht der Hebammentrick mit dem verbrannten Zettel
noch mal, um die eigenen Wünsche wieder unter Kontrolle
zu bringen).

Es gibt also Hobbys, die Kinder von ganz alleine entdecken
und bei denen wir ihnen nur mehr Zeit, Raum, Informationen oder Material geben müssen, damit sie ihren Weg
gehen: Den künstlerisch Begabten ein paar Farben und ein
bisschen Platz, den Bücherwürmern einen Büchereiausweis,
den Köchen die Küche. Und dann: Überlassen wir sie am
besten sich selbst.

Wie in den vergangenen Kapiteln beschrieben, sind introvertierte Kinder oft sehr gut darin, sich in eine Aufgabe zu
vertiefen, alles um sich herum zu vergessen und sich hingebungsvoll dem neuen Hobby zu widmen. Und weil sie
sich stundenlang auf etwas einlassen können, keinen Input
von außen brauchen und sehr konzentriert bei der Sache
bleiben, haben sie auch schnell Erfolgserlebnisse – und im

Anschluss noch mehr Spaß am Hobby. Eine solche positive Verstärkung kann sich wunderbar auf das Selbstbewusstsein stiller Kinder auswirken: Sie merken, dass sie in etwas, das sie mögen, Talent haben und wertgeschätzt werden.

Kleiner Lichtblick für Eltern, die sich für ihr Kind ein weniger stilles und isoliertes Hobby gewünscht hätten: Interessanterweise entpuppen sich im Laufe der Zeit und mit zunehmendem Alter gerade diese vermeintlichen Einzelgänger-Hobbys als ein Weg, am sozialen Leben auf eine eigene Weise teilzuhaben – oder sogar neue gleichgesinnte Freunde zu finden. Nämlich dann, wenn das lesende Kind Fantasiegeschichten so sehr liebt, dass es irgendwann anfängt, sich mit anderen Fans zu treffen, um verkleidet in Fantasiewelten abzutauchen. Oder wenn das leidenschaftlich kochende Kind beschließt, einen Kurs zum Sushirollen zu besuchen. Oder das malende Kind anfängt, seine Bilder auf Instagram hochzuladen und sich mit anderen online über Kunst auszutauschen. Auf diese Art wird aus einem unscheinbaren Solo-Hobby mitunter sogar ein toller, kreativer Beruf. Manchmal. Vielleicht. Und vor allem: ohne Zwang.

Vielleicht entscheidet Ihr Kind sich aber auch fürs Angeln, wie der Bär aus meinem Lieblingskinderbuch. Angeln gehört wahrscheinlich zu den introvertiertesten Hobbys, die es gibt. Es besteht im Wesentlichen darin, still auf einen See zu starren.

Stille Menschen im Mannschaftssport

Als ich dreizehn Jahre alt war, habe ich im Urlaub ein paar Leute kennengelernt, mit denen ich mich regelmäßig zum Volleyballspielen am Strand verabredet habe. Ich hatte diesen Sport nie zuvor gemacht und erinnere mich bis heute, wie viel Spaß er mir bereitete. Ich spielte bis in die Abendstunden am Strand, lernte die verschiedenen Schläge und kaufte mir noch in denselben Ferien einen Volleyball. Zurück zu Hause, wollte meine Mutter die Gunst der Stunde nutzen und fragte, ob ich mir nicht mal den örtlichen Volleyballverein anschauen wollte. Ich wollte. Endlich hatte ich einen Sport gefunden, der mir richtig Spaß machte! Ich kaufte mir direkt ein Paar Hallenknieschoner und war mir sicher: Ich würde Volleyballerin werden.

Tatsächlich bin ich dann nur zwei oder drei Mal zum Training gegangen. Der Sport hatte nichts verloren von seiner Faszination – das Problem waren die Volleyballmädchen dort. Ein eingeschworenes Team mit einer gemeinsamen Vergangenheit, großem Ehrgeiz und wenig Lust auf jemanden, der zwar mitmachen wollte, das Spiel aber noch nicht besonders gut beherrschte. An dieser Stelle hätte es wohl eine Trainerin mit etwas psychologischem Geschick gebraucht, doch die gab es leider nicht. Ein paar Trainingsstunden habe ich mit mir gerungen. Da war diese große Lust an dem Sport – aber eben gleichzeitig auch die anderen Mädchen, das Drumherum in der Umkleide, die Blicke, wenn ich einen Ball nicht gehalten hatte. Oder diese schrecklichen, sich kaugummiartig ausdehnenden Sekunden, in denen die Teams gewählt wurden und von denen ich annehme, dass sie für introvertierte Kinder genauso schrecklich sein müssen wie für extrovertierte. Eine der größten Errungenschaften des Erwachsenenlebens ist es für mich, dass ich nie mehr auf einer Bank sitzen und warten muss, dass mich jemand zu sich ins Team wählt. Was für seelenlose Sadisten müssen Trainer sein, wenn sie so ein demütigendes Prozedere heute noch durchführen? Ein extrovertierter Teenager hätte vielleicht damals versucht, seinen Weg in die Mannschaft noch auf eine andere Weise zu finden. Hätte sich mit den Mädchen angefreundet und mehr dafür getan, Teil dieser Gruppe zu werden. Ich aber konnte mich nicht dazu motivieren.

Ich habe Volleyball dann schließlich aufgegeben. Nicht, weil ich nicht gut oder nicht motiviert genug war. Sondern einfach, weil das dominante, wenig integrative Auftreten der Gruppe mich abgeschreckt hat. Noch heute schaue ich manchmal wehmütig auf Volleyballgruppen am Strand. Nie wieder habe ich gefragt, ob ich mitmachen kann, und bis heute bedaure ich es, dass mich das soziale Drumherum am Ausüben einer Sportart gehindert hat, die ich wirklich mochte.

Im Folgenden deshalb ein paar Überlegungen, wie man seinem stillen Kind helfen kann, bei Teamsportarten oder im Verein generell besser zurechtzukommen.

Zwei Tricks können helfen, das eigene Kind zum Mannschaftssport zu bringen:

Introvertierte sind gerne gut vorbereitet, anstatt einfach so in eine Situation hineinzugehen und dann spontan reagieren zu müssen. Es kann helfen, wenn man schon früh anfängt, das Kind an Mannschafts- / Vereinssport zu gewöhnen. Wenn Kinder klein sind, vergleichen sie sich noch nicht so viel, sondern gehen eher spielerisch an die Sache heran.

Einen Zwölfjährigen in einen Verein zu stecken, in dem andere vielleicht schon jahrelang trainieren, ist schwieriger, als mit dem Dreijährigen von Anfang an zum Beispiel die Ballschule, das Kinderturnen oder die Krabbelgruppe des Vereins zu besuchen, wo er dann über die Jahre einfach weitergespült wird, das Umfeld, den Sportplatz, die Turnhalle, die Umkleiden kennt und ganz selbstverständlich das Gefühl hat dazuzugehören.

Wenn das Kind schon etwas älter ist, kann es außerdem helfen, vorher gemeinsam zu üben, damit es sich mit der Sportart und deren Regeln vertraut machen kann. Tricks mit dem Basketball ausprobieren, immer einen Fußball dabeihaben, Tischtennisplatten im Park nutzen. Manchmal ist es auch hilfreich, sich – ob live oder im Fernsehen – ein Spiel oder ein Turnier anzuschauen und ihm dabei ein paar grundsätzliche Dinge zu erklären. Mir hätte zum Beispiel geholfen, wenn ich gewusst hätte, was diese ominösen Zeichen bedeuten, die Volleyballerinnen hinter ihrem Rücken für ihre Mitspielerinnen machen.

Kurz gesagt: Wer das Gefühl hat, das Hobby oder dessen Regeln zu kennen, geht mit einem anderen Selbstbewusstsein in den Verein.

Oder man hilft dem Kind, eine Sportart für sich zu entdecken, die nicht in Mannschaften oder im Verein ausgeübt werden muss: Nach meiner Pleite mit dem Volleyballspielen habe ich im nächsten Winter das Snowboarden für mich entdeckt. Ein Sport mit viel Bewegung, bei dem man stundenlang ganz mit sich selbst sein kann, gemeinsam mit Hunderten anderen Leuten auf einer Piste – und trotzdem isoliert, ohne soziale Kontakte.

Auch Mannschaften brauchen Vielfalt

Als Mannschaft füreinander einzustehen, zusammen für etwas zu kämpfen, gemeinsam Siege zu feiern und sich zusammen übers Verlieren zu ärgern, kann ein großartiges Gefühl sein, das gerade stille Kinder stärkt. Damit sich stille Kinder in einem Verein oder einer Mannschaft überhaupt wohlfühlen, braucht es allerdings ein bisschen Fingerspitzengefühl. Oder einfach einen guten Trainer. Der Sportpsychologe und Autor Matthias Herzog erklärte 2018 in einem Interview[25], wie wichtig es ist, zum Beispiel Fußballer je nach Charakter unterschiedlich zu motivieren. Er unterschied dabei deutlich zwischen introvertierten und extrovertierten Spielern: «Extrovertierte brauchen den Druck, um überhaupt erst Topleistungen zu bringen. Die beste Motivation für den ist, wenn du ihm sagst: *Ich wette, das kannst du nicht.* Wenn du das aber einem introvertierten Typen sagst, dann glaubt er das leider und lässt sich davon runterziehen.»[26] Als Beispiel für einen extrovertierten Sportler nennt Herzog den Fußballer Oliver Kahn: Er sei ein Spieler, der Druck von außen perfekt in Leistung umwandeln könne. Einen Gegenpol stelle in diesem Zusammenhang zum Beispiel Per Mertesacker dar, den der Druck von außen dermaßen belastete, dass er vor jedem wichtigen Spiel unter Brechreiz und Durchfall litt.

Es wäre falsch, daraus zu schlussfolgern, dass ein Sport wie Fußball nur etwas für Extrovertierte ist. Denn genau wie auch im echten Leben profitiert eine Mannschaft nicht nur von den mutigen, die drauflosrennen und einfach machen. Sondern auch von denen, die genau beobachten, Spielverläufe analysieren und so die Schwächen des Gegners enttarnen. Nur müssen sich die eben im Team auch anerkannt und wohlfühlen. Ein Trainer mit Menschenkenntnis und ein wohlwollendes Team sind also wichtig bei der Suche nach dem richtigen Hobby.

Für ein Familienmagazin habe ich mal einen Artikel über Kinder und ihre Hobbys geschrieben und im Zuge dessen sehr unterschiedliche Kinder mit sehr unterschiedlichen Hobbys kennengelernt, darunter einen Schachspieler, eine *Schleich*-Tiersammlerin und einen Theaterspieler. Am meisten hat mich die Geschichte eines zehnjährigen Jungen berührt. Ich besuchte ihn und seine Mutter in ihrem Zuhause am Stadtrand. Er lebte an einem Ort, den Immobilienspekulanten wohl nicht gerade als die beste Ecke der Stadt bezeichnen würden. Seine Mutter arbeitete hart, er hatte mehrere Geschwister, vom Vater war keine Rede. Der Junge war still, schwarz, ein bisschen füllig und arm. Er erfüllte also viele Voraussetzungen, um in unserer Gesellschaft aus diversen bescheuerten Gründen übersehen oder benachteiligt zu werden und auf diese Weise ganz langsam auf ein gesellschaftliches Abstellgleis zu gelangen. Aber dann erzählte er von seinem Hobby – und alles änderte sich. Sein Hobby war Rugby. Er war zufällig zu diesem Sport gekommen, ein Freund hatte ihm davon erzählt und gemeinsam mit seiner Mutter hatte er eine Schnupperstunde besucht. «Alle waren total freundlich», erzählte er mir. «Wie eine große Familie.» Und während er von seinem Hobby berichtete, Spielabläufe erklärte und von gemeinsamen Mannschaftsausflügen schwärmte, verwandelte sich dieses auf den ersten Blick schüchterne Kind in einen selbstbewussten Jungen, der weiß, was er kann, und Rückhalt findet in seiner Sportmannschaft. Einer Mannschaft, der egal ist, wie er aussieht, ob er still oder laut ist und aus welchem Elternhaus er kommt. Ich war berührt und beeindruckt. Meine Bewunderung galt aber auch der Mutter, von der ich den Eindruck bekam, dass sie ihren Sohn großartig dabei unterstützt hatte, genau das richtige Hobby für sich zu finden. Dieses Hobby, die Anerkennung und Gemeinschaft, die der Junge dadurch erfahren hat, würde ihn den Rest seines Lebens positiv beeinflussen. Ich bin mir hundertprozentig sicher, er wird auch als Erwachsener noch in diesem Verein sein, wichtige Kontakte zu seinen Mitspielern pflegen und davon profitieren.

Dieser Junge ist ein sehr berührendes Beispiel dafür, wie positiv Mannschaftsport auch für stille Menschen sein kann – wenn sie an die richtige Mannschaft geraten.

Introvertierte Kinder und Wettbewerbe

Ich war ein Kind ohne Ehrgeiz. Ich hatte keinerlei Ambitionen, schon gar nicht sportlich gesehen. Am deutlichsten zeichnete sich dieser nicht vorhandene Ehrgeiz ab, wenn wir in den frühen 90er-Jahren mal wieder Bundesjugendspiele hatten. Ich ging hin, warf ein paar Bälle, rannte eine Strecke und sprang in einen staubigen Sandkasten. Nach der Veranstaltung fragten sich die Kinder gegenseitig aufgeregt: Wie schnell warst du? Wie weit bist du gesprungen? Wer hat am weitesten geworfen? Sie verglichen sich, wollten unbedingt herausfinden, wer der Beste gewesen war. Es war mir ein Rätsel. Was brachte es ihnen, diese Zahlen zu vergleichen?

Ich hatte meine Zahlen in genau dem Moment wieder vergessen, in dem die Lehrerin sie mir mitgeteilt hatte.

Wettbewerbe gehören zum Leben eines jeden Kindes dazu, immer mal wieder wird es in seinem Leben in die Situation kommen, dass es sich für etwas anstrengen und sich dabei mit anderen messen soll.

Und gerade beim Thema Sport spielen Wettbewerbe und das Sich-Messen eine große Rolle. Extrovertierte lieben in der Regel den Wettbewerb. Sich mit anderen zu messen, mit ihnen verglichen zu werden und am Ende zu gewinnen, ist für sie ein starker Motor. So eine Herausforderung nehmen extrovertierte Kinder gerne an. Introvertierte eher nicht. Es macht ihnen meist keinen Spaß, sich mit anderen zu vergleichen oder zu messen. Entweder, weil sie sich, wie vom Sportpsychologen Matthias Herzog beschrieben, schnell von der Konkurrenz Angst machen lassen oder weil sie die Bewertung anderer per se weniger interessiert.

So oder so: Was nicht zwangsweise zu Wettbewerben dazugehören muss, sind Stress und Angst.

Was können wir also tun, um unseren Kindern beizubringen, sich in solchen Situationen nicht von eben diesen Gefühlen leiten zu lassen? Warum die Angst besonders bei Introvertierten so stark ist, habe ich weiter vorne im Buch anhand des Mandelkerns erklärt. Vielleicht hilft es dem einen oder anderen Kind weiter, wenn man ihm die dort beschriebene Geschichte von Dackeln und Löwen erzählt. Denn wenn man versteht, woher die Angst kommt und dass sie eigentlich eine gute Einrichtung ist, ist sie vielleicht schon ein Stück weniger bedrohlich. Manchmal verlieren Ängste auch deshalb ihren Schrecken, weil das Kind Gelegenheit bekommt, darüber zu sprechen. Dadurch werden Ängste greifbarer und wabern nicht mehr als subtiles, unaussprechliches und unangenehmes Gefühl im Bauch herum.

Vielleicht befürchtet das Kind, dass Mannschaftsmitglieder blöd reagieren, wenn es mal einen Ball nicht hält. Man könnte es ermutigen, seine Befürchtungen zu verbalisieren. Hier noch mal die Erinnerung an einen wichtigen Grundsatz der gewaltfreien Kommunikation: Zuzuhören und Ängsten Raum zu geben ist oft viel wichtiger, als sofort eine Lösung anzubieten.

Hat das Kind seine Ängste ausgesprochen, können die Eltern im Anschluss gemeinsam mit ihm überlegen, warum es sich trotz der Angst lohnen könnte, die neue Sportart auszuprobieren, zum unbekannten Mannschaftstraining zu gehen oder sich für ein Sportcamp anzumelden. Zum Beispiel für das wunderbare Gefühl im Bauch, wenn man ein Tor geschossen hat und mit der Mannschaft jubelt.

An meinem persönlichen Desinteresse an Wettbewerben hat sich seit den Bundesjugendspielen in den 90ern nie wirklich etwas verändert. Noch heute liegt mir nichts ferner, als mich mit anderen darin zu messen, wer schneller, geschickter oder klüger ist. Während andere zum Beispiel beim Monopolyspielen völlig verzweifeln, kämpfen, aggressiv werden und unbedingt gewinnen wollen, ist mir ein Sieg so egal, dass ich aufpassen muss, mich wenigstens grob an die Spielregeln zu halten und nicht ganze Straßenzüge einfach zu verschenken, nur, damit meine Mitspieler wieder bessere Laune kriegen. Ob ich am Ende gewinne oder verliere? Es gibt Weniges, was mir gleichgültiger sein könnte. Es gibt Wichtigeres.

Dies vielleicht als kleiner Mutmacher an all diejenigen, die bei ihrem Kind den Kampfgeist vermissen und sich fragen, ob sie trotzdem zufrieden und erfolgreich sein können. Ja! Denn die fehlende Lust am Wettbewerb ist nicht gleichbedeutend mit mangelndem Ehrgeiz oder fehlender Motivation.

Was wird aus meinem Kind?

Als ich einer sehr guten, ebenfalls introvertierten Freundin von diesem Buchprojekt berichtete, erzählte sie mir von einem Satz, den ihre Mutter einmal in ihrer Pubertät bezüglich ihrer stillen Art zu ihr gesagt hatte: «Wenn du einfach ein bisschen mehr so wärst wie ich und deine Schwester, hätten wir nicht so viele Probleme.»

Solche Sätze hört man natürlich gern in einer Zeit, in der die ganze Welt Kopf steht, Gefühle und scheinbare Gewissheiten durcheinandergewirbelt werden und man sowieso schon selbst den Eindruck hat, nirgendwo richtig reinzupassen.

Die Zeit des Erwachsenwerdens ist schwer genug. Wenn man dann noch gespiegelt bekommt, man sei irgendwie falsch, hat das ganz andere Dimensionen als bei einem Kleinkind.

Liest man im Netz, was introvertierte Jugendliche beschäftigt, findet man erstaunlicherweise häufig Beschreibungen wie: «Ich fühle mich manchmal wie ein Außerirdischer auf einem fremden Planeten, ich sehe Wesen aus einer anderen Galaxie beim Kommunizieren zu.»

Ich selbst habe mich selten wie eine Außerirdische gefühlt, aber das Gefühl, zwar zu verstehen, was andere sagen, gleichzeitig aber keine Idee zu haben, was man zu ihren Gesprächen beisteuern könnte, kenne ich gut. Es ist nicht so, dass Introvertierte die Menschen um sich herum nervig und bescheuert finden. Im Gegenteil, es ist für sie oft sehr interessant, Menschen zu beobachten, ihre Beziehungen untereinander zu analysieren und festzustellen, wer welche Macken und Eigenschaften hat. Fasziniert verfolgen sie, wer in der Gruppe welche Rolle spielt, wer welche Schwächen und Stärken hat, wie die verdeckten Hierarchien funktionieren.

In meinen Tagebüchern aus der damaligen Zeit finde ich folgende Gefühlsbeschreibung: «Ich lasse alle rein, jeder darf in meinen Kopf und darf sofort Platz einnehmen, sich nach Lust und Laune die Füße vertreten. Hereinspaziert, mit nur einer einzigen Bemerkung sind sie dabei. Und ich ertrage es einfach und sage kein Wort. Und irgendwann bin ich so voll mit menschlichem Müll, dass mein Magen rebelliert und sich alles zuschnürt, und dann muss ich den ganzen Scheiß auskotzen und das Schlimme ist, dass sie gar keine Ahnung haben, dass ich wegen ihnen hier über der Kloschüssel hänge … Warum habe ich dauernd das Bedürfnis, von außen zu kontrollieren, wer ich bin und was ich mache – und wie das auf die anderen wirkt? Vor lauter Versuchen, anders zu sein, als man ist, weiß man selbst irgendwann gar nicht mehr, wer man wirklich ist. Und dann dreht man durch. Gehemmt und voller komischer Gedanken. Keine Person mehr, sondern eine schwammige Masse ohne Charakter, ohne Willen, die sich biegen lässt wie Knetgummi. Vor lauter Unsicherheit, wie man sein soll, wie man sich zu benehmen, wie zu gucken, zu sprechen, zu arbeiten hat, verschwimmt das Ich.»

Alkohol und andere Drogen

Ich war dreizehn Jahre alt, als ich das erste Mal im Skife-
rienlager einen Joint rauchte. Alles daran war gut. Die ge-
heime Absprache mit den neuen Leuten, das gemeinsame
Konsumieren. Und auch der Rausch. Wer sich stundenlang
gemeinsam über etwas kaputtlacht und danach sieben Teller Spaghetti in der Großküche der Jugendherberge futtert,
schafft eine Verbindung. Ich erinnere mich, dass Drogen für
mich damals ein absolut geeignetes Vehikel waren, um Leute
kennenzulernen. Vordergründig ging es um den Konsum,
aber eigentlich um die Gemeinschaft.

Dennoch habe ich nicht lange gebraucht, um zu merken,
dass mir diese Drogen überhaupt nicht guttaten. Den Kon-
trollverlust empfand ich zunehmend als unangenehm. Gerade Marihuana hatte bei mir die Wirkung, dass ich mich
stundenlang in grüblerischen Gedanken verlor. Das war kein
schönes Gefühl, sondern eher so, als wäre ich in meinem
Kopf eingeschlossen. Ich fühlte mich einsam – obwohl ich in
einer Gruppe von Leuten war. Die meisten von ihnen machten weiter mit den Drogen, interessanterweise gab es nach
einiger Zeit auch Freunde, die allein zu Hause kifften. Ich
gab es komplett auf. Es tat mir einfach nicht gut.

Viele Jugendliche sind empfänglich für Alkohol, Drogen
und Rausch, aber gerade auf introvertierte Jugendliche können sie eine besondere Faszination ausüben, weil sie damit
ihr Wesen verändern und für kurze Zeit so sein können,
wie sie angeblich sein müssen: offen, extrovertiert, gesellig.
Oder weil sie gerne für eine Zeit lang aus ihrer Welt flüchten
wollen.

Andererseits haben gerade stille Jugendliche (mit einer intakten Psyche) einen guten Kontakt zu sich selbst und können selbstregulativ handeln. Bedeutet: Wer schon als Kind gelernt hat, darauf zu achten, was ihm guttut und was nicht, wer von seinen Eltern ermutigt wurde, auf das eigene Gefühl zu hören und sich nicht irgendwelchen Wünschen von außen anzupassen, hat gute Chancen, nicht abhängig zu werden.

Ähnliche Erfahrungen wie mit dem Kiffen habe ich mit Alkohol gemacht. Alkohol hat eine enthemmende Wirkung. Weil die Moleküle des Alkohols die Nervenzellen lähmen, wird man für Reize von außen weniger empfänglich. Alkohol hebt die Stimmung, entspannt, wirkt anregend und angstlösend – so betrachtet ist er die perfekte Droge für Introvertierte. Ich erinnere mich jedenfalls gut, dass es Zeiten in meiner Jugend gab, in denen Alkohol mir gegen die anfängliche Schüchternheit auf Partys geholfen hat. Es war unter Alkoholeinfluss viel leichter, Teil der Gruppe zu sein, das Spiel mitzuspielen, Smalltalk zu machen. Mit ein bisschen Alkohol wurde ich zu einem «normalen Gast» auf einer «normalen Party». Unterhielt mich angeregt, lachte an den richtigen Stellen und in der richtigen Tonlage. Ich sagte «Ach, wirklich» und «Wahnsinn» und klang dabei ernsthaft interessiert. Ich spielte eine Rolle, war eine lustigere, kommunikativere Version meiner selbst.

Aber auch beim Alkohol habe ich über die Jahre gelernt, was mir guttut, und was nicht. Heute trinke ich nur noch extrem wenig, manchmal vergeht das Jahr, und ich habe außer dem Champagner zum Anstoßen in der Silvesternacht kein einziges Mal ein Glas Alkohol in der Hand gehabt. Ich halte mich für einen einigermaßen gesunden, introvertierten Menschen mit einer stabilen Psyche. Ich will gar nicht für längere Zeit die extrovertierte Version meiner selbst sein, die der Alkohol aus mir machen kann. Ich bin gerne introvertiert.

Auch in Bezug auf Alkoholkonsum gilt die Regel: Wer als Kind gelernt hat, dass er okay ist, so wie er ist, wer gelernt hat, auf sein Bauchgefühl zu hören und Grenzen durchzusetzen, wird aller Wahrscheinlichkeit nach auch einen guten Umgang mit jeglichen Arten von Drogen und Süchten finden. Passend dazu sagte der mittlerweile verstorbene Familientherapeut Jesper Juul in einem Interview 2012: «Wenn man zum Beispiel Drogen- oder Mediensucht vorbeugen will, muss man in den ersten zehn Lebensjahren eine Beziehung herstellen. Mit zwölf ist es vorbei. Wenn mein Kind in der Pubertät Drogen nimmt oder zu viel fernsieht, kann ich nicht mehr darüber bestimmen.»[27]

Elterntrick für schwierige Situationen

Gerade in obigem Zusammenhang möchte ich noch einen kleinen Elterntrick für Kinder ab dem Teenageralter teilen. Denn auch wenn die «Erziehung» bei Teenagern weitestgehend abgeschlossen ist, wie Jesper Juul sagt, brauchen unsere Kinder noch immer ab und zu Hilfe und Unterstützung. Dieser Trick stammt von der Autorin Béa Beste, und ich habe ihn in ihrem Buch *Erziehung ist ein Kinderspiel*[28] gefunden.

Er kann extrovertierten genauso wie introvertierten Kindern helfen, und trotzdem möchte ich ihn vor allem Eltern ans Herz legen, die manchmal befürchten, ihr leises Kind könnte sich von Gruppendynamiken zu Dingen hinreißen lassen, die es eigentlich gar nicht will – wie eben zum Beispiel Drogen konsumieren. Der Trick funktioniert so: Wenn das Kind mit Freunden unterwegs ist und merkt, dass der Abend in eine Richtung steuert, die es unangenehm findet, gleichzeitig aber nicht den Mut hat, dagegen aktiv anzugehen, schickt es eine Handynachricht mit einem simplen «X» an die Eltern. Daraufhin wissen diese sofort, was zu tun ist: Sie rufen das Kind an und sagen: «Es ist etwas passiert, und ich möchte, dass du sofort nach Hause kommst. Ich bin schon auf dem Weg und hole dich ab.» Auf diese Weise kommt das Kind schnell und unkompliziert aus der Situation heraus und kann gleichzeitig seinen Freunden gegenüber das Gesicht wahren – es waren ja die «doofen» Eltern, die den Abend «verdorben» haben.

Wird es später dazu von seinen Freunden noch mal gefragt, kann es immer noch entscheiden, ob es antwortet: «Das war eine Familienangelegenheit, will ich nicht drüber sprechen», oder ob es die richtigen Worte findet, um zu erklären, warum es bei einer bestimmten Aktion nicht mitmachen wollte.

Introvertiert im Netz

Für alle Jugendlichen sind Role Models wichtig, aber gerade für die introvertierten unter ihnen können sie überlebenswichtig sein, zumal naturgemäß nicht viele Introvertierte die Öffentlichkeit suchen und von ihren Erfahrungen berichten. Doch auch hier verändert sich glücklicherweise langsam etwas. Vor allem das Internet mit seinem unendlichen Angebot an Podcasts, Serien, sozialen Medien und Filmen kann für introvertierte Jugendliche ein großartiger Ort sein. Hier können sie Vorbilder und Gleichgesinnte finden, die selbstbewusst mit der Tatsache umgehen, dass sie eben keine Partymenschen sind und lieber zu Hause bleiben. Und die sich deswegen nicht kritisch beäugen, sondern sich selbst liebevoll «Drinnie» nennen. Dieser Begriff stammt von der Autorin Giulia Becker und dem Autor Chris Sommer. Ende 2020 veröffentlichten sie die erste Folge ihres Podcasts *Drinnies*. *Drinnies* berichtet aus dem Leben des introvertierten Paares: «Direkt aus der Komfortzone», wie sie selbst es beschreiben. Denn da fühlen sie sich wohl. Warum behaupten eigentlich immer alle, dass man seine wunderbar gemütliche, sichere Komfortzone verlassen muss? In der Komfortzone von Chris und Giulia geht es jedenfalls sehr behaglich zu. Wertschätzend. Aber auch sehr lustig. Mit selbstironischem Unterton reden die beiden darüber, wie sie als introvertierte Menschen am liebsten ihre Zeit verbringen (drinnen!), was sie als anstrengend empfinden (andere Menschen, die sie auf ein Bierchen draußen treffen wollen) und wie man das Leben und andere Menschen als introvertierter Mensch so sieht. Es gibt den «wöchentlichen Introvertipp» (Leg eine ordentliche Hose direkt in den Flur neben die Haustür, dann kannst du dem Lieferdienst oder den Nachbarn aufmachen und bist ganz schnell wieder vorzeigbar, auch wenn du eigentlich deine Tage am liebsten unbeobachtet in Boxershorts zu Hause verbringst), und sie suchen den «Drinnie des Monats»: Hörerinnen und Hörer berichten, was das Introvertierteste ist, was sie jemals getan haben. Viele schrieben daraufhin, wie sie sich als junger Mensch in ihr Zimmer eingeschlossen haben, während ihre Mitbewohner eine Party feierten. Höhepunkt: Ein Hörer berichtete, wie er irgendwann auf die Toilette musste, aber partout nicht den anderen Partygästen begegnen wollte – und in seiner Verzweiflung irgendwann in eine leere, im Zimmer herumstehende Flasche pinkelte. *Drinnies* ist also eine absolute Empfehlung!

Generell sind Podcasts bei Introvertierten aus gutem Grund so beliebt: Hier hat man die Möglichkeit, sich auf das Gesagte, auf die Inhalte zu konzentrieren. Geschichten mitzubekommen oder sie eben auch selbst zu erzählen, ohne dass man sein Gesicht dabei herzeigen muss. Das macht sie gerade für junge Introvertierte, die in der Pubertät noch verunsicherter sind, interessant. Neben Büchern sind Podcasts auch für mich die ultimative Flucht aus dem Alltag.

Wer ein bisschen sucht, findet aber überall im Internet Nischen, in denen das Stille, Zurückhaltende und In-sich-Gekehrte regelrecht inszeniert wird. Mit einem Augenzwinkern, aber eben auch selbstbewusst. Unter dem Hashtag #introvertproblems berichten Menschen davon, wie sie Partys vermeiden, warum sie den Lockdown während einer Pandemie eigentlich lieben und wie sie sich heimlich freuen, wenn eine Verabredung abgesagt wird, die sie in einem unbedachten, extrovertierten Moment zugesagt hatten. All diese Orte im Internet können Jugendlichen die wunderbare Botschaft vermitteln: Du bist nicht allein. Du bist vollkommen okay.

Außerdem bietet es die Möglichkeit, Kontakt zu all den Drinnies da draußen zu bekommen, ohne dass irgendjemand das Haus verlassen muss! Sich auszutauschen, ohne die Sicherheit des Sofas aufgeben zu müssen.

Obwohl vor allem die sozialen Medien an vielen Stellen und von vielen Menschen auf eine sehr laute und aufmerksamkeitsheischende Weise bespielt werden, gibt es selbst hier eine andere Seite. Denn das Netz bietet auch stillen Menschen die Möglichkeit, sich auf die genau passende Weise auszudrücken: zu kommunizieren, ohne sich selbst in den Mittelpunkt zu stellen.

Fernab der lauten Selbstdarstellung einiger Influencer gibt es hier also viel Platz auch für die leisen Menschen. Zu ihnen gehört zum Beispiel die Instagramerin *marienova*, die eigentlich nur aus ihren eigenen vier Wänden berichtet, wo sie sich einen kleinen grünen Dschungel aus Zimmerpflanzen errichtet hat und mit ihren Katzen zusammenlebt. Früher war Marie Lehrerin. Heute verdient sie Geld damit, ab und zu Produkte rund um ihre Pflanzen und die Wohnung in die Kamera zu halten und skurrile Videos zu schneiden.

Ein anderes Beispiel ist Bina Bianca. Sie betreibt mehrere Kanäle im Netz; auf Instagram ist sie unter *binabianca89* zu finden. Dort lädt sie Videos mit selbst getexteten und gesungenen Liedern hoch. Beobachtungen des Alltags, für die sie ganz besondere Worte findet. Sie schreibt lustige Lieder darüber, wie sich der Reifegrad von Avocados innerhalb von Sekunden verändern kann. Oder vom Gefühl, jemanden auf der Straße zu treffen und nicht zu wissen, wie man grüßen soll – und wie der andere überhaupt heißt. In ihrem Lied *Introvertiert* singt sie: «Ich hasse Smalltalk, hasse zu telefonieren. Kann besser schreiben, als mich zu artikulieren.» Und weiter: «Ich bin nicht schüchtern – ich bin introvertiert, hab einen Kopf, der sich gern mal in Gedanken verliert.»[29] Außerdem gehört Bina zu der kleinen Gruppe von Gamerinnen in Deutschland, die sich zum Beispiel auf der Plattform *Twitch* live dabei zusehen lassen, wie sie Videospiele spielen – und viele Fans haben, die dafür zahlen.

Diese beiden Frauen sind ein guter Beweis für eine meiner früheren Thesen aus diesem Buch: Aus einem sehr introvertierten Hobby kann sich später mal ein Beruf entwickeln, mit dem tatsächlich Geld verdient werden kann.

Insgesamt bietet Bildschirmzeit für introvertierte Kinder und Jugendliche Erholung vom anstrengenden sozialen Miteinander. So negativ alle neuen Medien also oft auch belegt sind, sollten Eltern diese Aspekte nicht vergessen.

Natürlich gibt es auch junge Menschen, die sich in den Tiefen des Netzes verlieren können, tagelang abtauchen in Computerspielen. Dieses Abtauchen kann natürlich gerade für stille Jugendliche sehr verlockend sein. Auf der anderen Seite besitzen gerade gesunde introvertierte Menschen, wie bereits erwähnt, eine ausgeprägte Fähigkeit, selbstregulativ mit sich und der eigenen Seele umzugehen. Anders gesagt: Sie merken, was ihnen langfristig guttut – und was nicht. Die Gefahr möchte ich natürlich trotzdem nicht herunterspielen. Wer sich Sorgen macht, findet zum Beispiel auf der Webseite[30] der Computersucht-Ambulanz in Mainz Möglichkeiten, das Computerverhalten der Kinder in einem Test beurteilen zu lassen – und auch kostenlose telefonische Beratung.

Der richtige Beruf am falschen Ort

Als mein erster Roman *Acht Wochen verrückt* auf der Bestsellerliste landete, bekam ich viele Anfragen zu Auftritten in Talkshows. Ein Vorgespräch, das ich in diesem Zusammenhang mit dem Moderator einer dieser Talkshows führte, ist mir nie wieder aus dem Kopf gegangen: Wir unterhielten uns über die Anzeichen von Depressionen, über Klinikaufenthalte, über Antidepressiva – alles Themen meines Buches. Er war nicht gerade einfühlsam, aber wir befanden uns ja auch nicht in einer Therapiestunde.

Irgendwann fragte er: «Und woher kam denn jetzt eigentlich Ihre Depression, können Sie mir das sagen?» Ich seufzte innerlich. Zum einen, weil sich der Grund für eine Depression ziemlich selten in ein paar einfachen Sätzen zusammenfassen lässt. Zum anderen aber auch, weil ich es schlichtweg nicht wusste. Ich konnte stundenlang darüber erzählen, wie es sich anfühlt, wenn die Traurigkeit sich langsam in dein Leben eingräbt, wie die Gespräche bei Tisch mit den anderen Depressiven in einer psychosomatischen Klinik verlaufen oder wie der Körper durchdreht, wenn er mit Antidepressiva vollgepumpt wird. Aber was ich nicht wirklich sagen konnte – was es denn eigentlich gewesen war, das mich so depressiv gemacht hatte.

«Na ja, Sie mussten doch wahrscheinlich ziemlich viel arbeiten, oder?», fragte er.

Ich ahnte, wie er sich das vorstellte: eine junge Frau, die Tag und Nacht für ihre Firma im Einsatz gewesen war, mit Laptop und Handy jongliert hatte und von einem Termin zum anderen rannte. Das wäre für ihn eine passende Erklärung gewesen, Erschöpfungsdepression, Burn-out. Ich überlegte. Aber ich hatte nicht wahnsinnig viel gearbeitet, nein.

«Aber stressig war es doch?»

Auch nicht wirklich, nein.

«Aber was war es denn dann?», fragte er, leicht ungeduldig.

«Ich habe mich dort einfach unwohl gefühlt, aber so richtig erklären kann ich es nicht.»

Jetzt war es der Moderator, der seufzte.

«Also, so kann ich Sie in meiner Show nicht präsentieren. Tut mir leid.»

«Mir auch», log ich und legte erleichtert auf.

Erst Jahre später sollte ich die Antwort auf die Frage finden. Es war der schon zu Anfang des Buches erwähnte Artikel von Jonathan Rauch, der den Groschen fallen ließ. Ich las zum ersten Mal davon, was introvertierte Menschen brauchen, was sie auszeichnet und was sie anstrengt. Es war eine Offenbarung. Wie ein endlich gefundenes Puzzleteil, das das große Ganze meiner Depression vervollständigte – und auch die letzte offene Frage, die nach dem Auslöser, erklärte. Ich war einfach im falschen Umfeld gelandet. Hatte einen Beruf in einer Firma gewählt, der für einen so introvertierten Menschen wie mich auf Dauer einfach zu anstrengend gewesen war. Und hatte dann jahrelang alle Warnzeichen ignoriert, bis es zu spät geworden war.

Ich habe nie öffentlich darüber gesprochen, welchen Beruf ich damals ausgeübt hatte, einfach, weil mir unbewusst bewusst gewesen war: Es lag nicht an dem Beruf, dass es mir so ging, wie es mir ging. Und auch nicht an der Firma. Ich wollte nicht den Falschen die Schuld für meine Erkrankung geben. Heute ist mir klar: Es geht in diesen Fragen nicht um Schuld. Sondern darum, dass manchmal die falsche Person am falschen Ort landen kann.

Noch heute erinnere ich mich an die ersten Tage und Wochen meiner Ausbildung. Erinnere mich an die junge Frau, die ich war und die überall sein wollte, nur nicht in dieser riesigen Firma voller Menschen. Erinnere mich, wie ich meinem neuen Team vorgestellt wurde, wie von mir verlangt wurde, dass ich mich selbst mit ein paar Worten vorstelle, all den Fremden. Wie ich am liebsten gesagt hätte, dass ich nicht die Richtige bin. Dass das alles eine riesige Verwechslung sein muss. Ein Missverständnis. Oder ein Scherz. Dass ich hier nicht sein will. Dass ich mich vertan habe und eigentlich ganz woanders hingehöre. In eine einsame Höhle auf eine verlassene Insel zum Beispiel.

Wie ich am liebsten einfach nur geflüstert hätte: «Sorry, wollte nur mal sehen, wie weit ich hier komme, jetzt verschwinde ich wieder, macht's gut, Leute.» Ich wollte lachen und wegrennen, weit, weit weg – oder zumindest bis nach Hause. Mein gemütliches, ungefährliches Zuhause.

Ich war mit Anfang zwanzig bei einem großen Konzern gelandet, in dem ich mich zur Inneneinrichterin ausbilden lassen wollte. Zunächst war ich glücklich, endlich irgendwo angekommen zu sein. Ich hatte schon immer kreativ arbeiten wollen, aber nie so richtig gewusst, wie. Und genauso hatte ich schon immer das Gefühl gehabt, nirgendwo in dieser Welt so richtig hinzupassen, in die Berufswelt schon gar nicht. Mit dem Vertrag bei diesem großen Konzern kam auch eine große Sicherheit: Hier würde ich nun drei Jahre bleiben und mich ausbilden lassen. Ich finde den Beruf der Inneneinrichterin immer noch großartig. Aber nicht in der Form, in der ich ihn in den drei folgenden Jahren ausübte – was im Wesentlichen allerdings nicht am Beruf selbst, sondern an den ihn begleitenden Umständen lag: Den ganzen Tag lang war ich von Menschen umgeben. Schließlich waren wir eine große Abteilung: Azubis, Mitarbeiter, Vorgesetzte. Ständig hatten wir Meetings mit Verkäufern, deren Produkte auf bestimmte Art gezeigt werden sollten. Dauernd begegnete ich jemandem, musste jemanden grüßen, Smalltalk machen, Präsentationen halten, mich mit anderen auseinandersetzen. Zusätzlich gab es noch die Kunden, die ich als Inneneinrichterin immer nebenbei mit bediente. Und dann diese verhasste Kantine! Damals lagen alle Filialen dieses Konzerns an Autobahnen. Als Mitarbeiter war man quasi eingeschlossen, Spaziergänge hätten einen höchstens an die nächste Autobahnraststätte geführt. In meiner Pause konnte ich deswegen eigentlich nichts anderes tun, als mit den anderen Herdentieren in die Kantine zu rennen – wo ich mich dann, wie es erwartet wurde, zu meiner Abteilung an den Tisch setzte. Tat ich das nicht, sondern verkrümelte mich mit einem Buch in die Sofaecke, bekam ich einen Spruch von den Kollegen zu hören. Oh, wie unglaublich egal mir das heute wäre! Aber damals, als junge Auszubildende, wagte ich es einfach nicht, mich von der Abteilungsherde weiter als alle anderen Schäfchen zu entfernen. Das Wort Pause verlor in diesem Zusammenhang für mich komplett die Bedeutung, denn sie war nichts mehr, bei dem ich mich von der eigentlichen Arbeit erholen konnte. Von Menschen, Gesprächen, Interaktionen. All das ging ja am Kantinentisch nahtlos weiter. Eigentlich war rückblickend betrachtet die Pause sogar das Anstrengendste am ganzen Arbeitstag.

Es war also nicht der Beruf selbst schuld an meiner Erschöpfung. Es waren keine langen Arbeitszeiten, keine E-Mail-Flut, keine Überforderung mit den fachlichen Seiten meines Jobs. Sondern einfach die Tatsache, dass ich mir als hochgradig Introvertierte einen Beruf ausgesucht hatte, bei dem ich mich fast ununterbrochen mit Menschen auseinandersetzen musste.

Stille Berufsanfänger sollten einen Schritt weiter denken

Als ich Sylvia Löhken, die bereits zitierte Autorin und Expertin für introvertierte Persönlichkeiten, frage, wie sie einen für Introvertierte komplett ungeeigneten Arbeitsplatz beschreiben würde, antwortet sie: «Ein Ort, an dem man ständiger Überstimulation ausgesetzt ist, niemals Ruhe hat und keinerlei Sicherheit erfährt.»

Sofort sehe ich mich als junges Mädchen durch die endlosen Gänge des Konzerns gehen, jeden Tag zahlreiche Menschen grüßen und sprechen, einen Job erledigen, der viel mit

Marketing und wenig mit Kreativität zu tun hat. Ich frage weiter. Ob sie, Frau Löhken, sagen würde, dass es bestimmte Berufe gibt, die für ruhige Menschen eher ungeeignet sind? Berufe, die sich so wenig nach dem Wesen eines introvertierten Menschen richten, dass sie ihm auf lange Sicht schaden? Aber so einfach kann ich es mir anscheinend nicht machen. Die Frage sei komplex, bekomme ich zur Antwort. Junge Menschen sollten sich eher fragen, warum sie welche Ausbildung oder welches Studium wählen und wo genau sie damit später hinwollen. Ein BWL-Studium könne ja zum Beispiel den Weg in die Wissenschaft ebnen – oder in den Vertrieb einer großen Firma. Ein Germanistik-Studium könne in eine Bibliothek führen – oder in volle Klassenräume.

Außerdem, so Löhken, gehe es bei der späteren Berufswahl natürlich auch noch um andere Persönlichkeitseigenschaften. Die gute alte Regel: «Lerne das, was dich wirklich interessiert», gelte zunächst auch für stille Menschen. Allerdings sollten sie vor dem Studium oder der Ausbildung einen Schritt weiter denken als Extrovertierte: Wenn ich dieses oder jenes Studium wähle – wo finde ich dann später einen Arbeitsplatz, der meinem Wesen und meinen Bedürfnissen entspricht?

Sylvia Löhken betont, wie vielschichtig jede Persönlichkeit ist und stereotype Ratschläge in Sachen Berufswahl deshalb nicht funktionieren: In «freier Wildbahn» sehen wir Extrovertierte in scheinbar introvertierten Domänen wie Wissenschaft oder Verwaltung – wie zum Beispiel den inzwischen verstorbenen Physiker und Nobelpreisträger Richard Feynman, den viele als extrovertierten Mann beschrieben haben. Und wir sehen Menschen mit eher introvertierten

Eigenschaften in scheinbar extrovertierten Domänen wie Angela Merkel und Barack Obama in der Politik oder Comedy-Star Amy Schumer in der Unterhaltungsbranche. In einem BBC-Interview verriet Schumer, die regelmäßig riesige Hallen mit ihrem Programm füllt, dass sie sich in stressigen Situationen auch mal für kurze Zeit auf eine Starbucks-Toilette zurückzieht, einfach nur um allein zu sein und nicht reden zu müssen.[31] Beispiele wie diese belegen, wie wichtig es ist, introvertierte Jugendliche nicht in eine Job-Schublade zu stecken, sondern sehr genau individuelle Vorlieben und Persönlichkeitsmerkmale zu beachten.

Wohin es sie beruflich auch verschlagen mag, können sie in jedem Fall von den Eigenschaften profitieren, die ihnen als Introvertierte vielfach zugeschrieben werden: Ihre Fähigkeit, ihre Umgebung zu lesen, Situationen zu analysieren und zwischenmenschliche Zusammenhänge zu interpretieren, kann bei Berufen hilfreich sein, bei denen es darauf ankommt, sich in Menschen einzufühlen und Handlungen vorherzusehen. Wichtig zum Beispiel in der Personalleitung oder Teamführung.

Ihre Kreativität hilft Introvertierten oft dabei, neue Wege zu entdecken, Ideen, Texte, Projekte zu entwickeln, die ungewöhnlich, fantasievoll und einfallsreich sind.

Und auch ihre Beharrlichkeit und Zuverlässigkeit sind bei Arbeitgebern sehr gefragt.

Wichtig bleibt zu erkennen, in welcher Umgebung man sich wohlfühlt und wo man seine introvertierten Fähigkeiten am besten zur Geltung bringen kann.

In meinem Fall hätte das geheißen: kreativer Beruf – ja.

Inneneinrichterin – auch okay. Aber keine Ausbildung in einem riesigen Konzern mit viel Kundenkontakt, großer Marketingabteilung und täglichen Meetings, sondern vielleicht eher in einem kleinen, inhabergeführten Dekorationsbetrieb, bei dem man als Azubine erste eigene Aufträge erledigen und stundenlang vor sich hin basteln kann – und nur Austausch mit ein oder zwei Kollegen am Tag hat.

Ich habe tatsächlich erst eine Depression gebraucht, um den Mut zu haben, diese Firma zu verlassen. So schrecklich das war, hatte es auch sein Gutes: Ich fing an zu schreiben – und bin nie wieder in meinen alten Beruf zurückgekehrt.

Der Schriftsteller John Green hat über das Schreiben gesagt: «Es ist ein Beruf für introvertierte Menschen, die dir eine Geschichte erzählen wollen, ohne dir dabei in die Augen zu schauen.» Ich war jedenfalls in meinem Leben nie wieder so glücklich wie in der Zeit, als ich meinen ersten Roman schrieb. Es hat Jahre gebraucht, um diesen für mich perfekten Beruf zu finden. Aber jetzt bin ich sicher, was ich den Rest meines Lebens machen will.

Dennoch frage ich mich: Hätte man mir schon als Kind von Anfang an das Gefühl gegeben, dass ich meine Bedürfnisse ernst nehmen und danach handeln darf – hätte ich dann auch noch gedacht, ich müsse auf Teufel komm raus hineinpassen in diese Arbeitswelt, in der ich mich so gar nicht wohlfühlte? Wäre ich schneller gegangen? Hätte ich mich weniger lang gequält?

Ich weiß es nicht. Wenn ich könnte, würde ich meinem zwanzigjährigen Ich von damals gerne das Lied «Lauf davon» von Danger Dan schicken. An einer Stelle singt er:

«Ich schrieb grad die Bewerbungsmail mit meinem Lebenslauf und klebte ein sympathisches und seriöses Foto drauf.

Als mir Lou Reed erschien und sagte: Lauf davon.

Schwerer, als reinzukommen, ist es, wieder rauszukommen.»[32]

Fragen, die sich introvertierte Berufseinsteiger stellen sollten

Das Maß an Introvertiertheit bzw. Extrovertiertheit ist also etwas, das bei der Berufswahl eine wichtige Rolle spielen sollte. Aber welche Fragen sollten sich introvertierte Berufseinsteiger – neben der nach Interessen und Stärken versteht sich – außerdem stellen? Worauf sollten sie im Alltag achtgeben?

Eine wichtige Frage in diesem Zusammenhang ist die nach der Motivation: Was hat mich bisher besonders motiviert – und was eher demotiviert? Diese Motivation ist ein Zeichen für eine bestimmte Präferenz: eine bevorzugte Herangehensweise, die jeder Mensch hat, wenn er vor einer Aufgabe steht. Ist man in seiner Präferenz, macht die Sache Spaß und die Arbeit geht gut von der Hand. Befindet man sich außerhalb seiner Präferenz, dann schafft man das auch, aber es ermüdet und man fühlt sich schnell überfordert.

Apropos Ermüdung: Pausen sind ein unterschätzter, aber überlebenswichtiger Teil des Arbeitslebens! Nur, wenn stille Menschen ihre eigenen Schlupfwinkel finden und ab und zu Auszeiten nehmen können von dem Gewusel um sie herum, halten sie langfristig durch. Bücher, Kopfhörer, Ohrstöpsel oder ein einsamer Spaziergang: Pausen bei der Arbeit sind dafür da, sich zu regenerieren – und nicht, sich durch Zwangskontakte beim gemeinsamen Mittagessen weiter zu erschöpfen.

Trotz allem Verständnis für Zurückhaltung sei aber gesagt: Als stiller Mensch ist es wichtig, ein Gefühl dafür zu entwickeln, wann es essenziell ist, auch mal den Mund aufzumachen. Und zwar vor allem in Bereichen, in denen viele extrovertierte Menschen arbeiten. Denn die ziehen schnell und gerne Aufmerksamkeit auf sich. Lautstärke hat in manchen Umfeldern leider immer noch die Tendenz, sich durchzusetzen. Deswegen sollten stille Menschen wissen, wie sie sich vermarkten, wohl überlegt und dosiert – sonst gehen sie zwischen Brainstormings, Konferenzen und Großraumbüros schnell unter.

Diese Empfehlung, sich hin und wieder zu öffnen, gilt auch unmittelbar für Projekte, die zum Beispiel im Team erarbeitet werden. Introvertierte Menschen überlegen in Gruppenarbeiten länger als extrovertierte und halten eher den Mund, anstatt vorschnell etwas zu sagen, hinter dem sie nicht stehen. Dadurch können exzellente Ideen verloren gehen. Man sollte also ab und zu über seinen Schatten springen, um klarzumachen, welchen Beitrag man für das Projekt leisten kann.

Dabei spielt Introvertierten in die Hände, dass sich die Sicht der Unternehmen auf introvertierte Mitarbeiter langsam, aber sicher wandelt. Die Unternehmensberaterin Beate Segbers, die bereits am Anfang des Buches zu Wort kam, erzählte mir hierzu: «Wenn sich heute Bewerber um einen neuen Arbeitsplatz bemühen, dann treffen sie, besonders in den professionell arbeitenden größeren Unternehmen, auf gut geschulte Recruiter, die bereits im Vorstellungsgespräch erkennen können, wohin ein Bewerber mit dem jeweiligen fachlichen und persönlichen Profil gut passt. In vielen Personalabteilungen ist heute bekannt, welche Stärken und Potenziale gerade introvertierte Fachkräfte in Teams und Projekten einbringen können. Die wissen: Gerade in der Projektarbeit ist eine gute Zusammensetzung von introvertierten und extrovertierten Fachkräften für die Zusammenarbeit enorm wichtig. Dazu ist es aber essenziell wichtig, dass die Mitarbeitenden selbst sich ihrer eigenen Stärken und Schwächen bewusst sind. Das ist aber nicht selbstverständlich.

Ich erhalte von Unternehmen oft den Auftrag, ein neues Projektteam durch die ersten Wochen zu führen, um eine gute Zusammenarbeit zu gewährleisten.

Dazu nutze ich gern Persönlichkeitstests, die unter anderem aufzeigen, wie stark sich die Mitarbeitenden in ihrer Introvertiertheit oder Extrovertiertheit unterscheiden. Wir erarbeiten dann gemeinsam kommunikative Strategien, wie sie im Alltag mit diesen Unterschieden gut und zielführend umgehen können.

Menschen, deren Präferenz im Bereich Extrovertiertheit und Introvertiertheit sehr weit voneinander entfernt ist, gehen oft völlig verschieden an die gleiche Aufgabe heran. Die einen arbeiten gern in Meetings gemeinsam an einem Thema – die anderen lieber allein für sich. Etwas verkürzt gesagt, handeln Extrovertierte eher nach dem Schema ‹Act–Reflect–Act› und Introvertierte eher nach dem Schema

‹Reflect – Act – Reflect›. Beide Herangehensweisen können zum Ziel führen. Nur führt das in der Zusammenarbeit oft zu Unverständnis oder gar zu persönlichen Angriffen: Introvertierte müssen sich dann anhören, dass sie als Bedenkenträger den Fortgang einer Arbeit behindern – und Extrovertierte werden als Aktionisten ohne Tiefgang hingestellt. Da die meisten Projekte unter Zeitdruck stehen, gewinnen oft die ‹Pusher› bei solchen Auseinandersetzungen die Oberhand. Manchmal zeigt sich jedoch zum Ende des Projektes hin, dass doch wichtige Voraussetzungen nicht berücksichtigt worden sind.

Die Introvertierten benötigen für eine wichtige Entscheidung Zeit zum Analysieren, Planen und zur Risikoabwägung. Wenn man sie unter Zeitdruck setzt, fühlen sie sich überrumpelt und haben das Gefühl, keine gute Arbeit leisten zu können. Sie fühlen sich gestresst, nicht wertgeschätzt und verlieren ihre Motivation. Extrovertierte schätzen es hingegen, wenn Lösungen im Brainstorming entstehen und die Vorgehensweise schnell und klar ist. Intensives Analysieren und Planen macht sie eher ungeduldig – sie fühlen sich ausgebremst.

Wenn beide Parteien für die jeweiligen Stärken sensibilisiert werden und wissen, wie sie damit umgehen können, dann führt das mit Sicherheit zu einem positiven Arbeitsklima im Projekt. Jeder weiß dann um die jeweiligen Bedürfnisse des anderen und was der Kollege bzw. die Kollegin gerade benötigt, um gute Arbeit zu leisten: Der Umgang miteinander wird dadurch als bereichernd empfunden, und Arbeitsergebnisse kommen reibungsloser und mit besserer Qualität zustande.»

Als ich Beate Segbers gegen Ende des Interviews darum bitte, mir ihren wichtigsten Tipp für introvertierte Menschen im Berufsleben zu geben, überlegt sie kurz – und nennt dann zwei. Der erste Tipp ist sehr konkret:

«Wenn jemand an einen eher introvertierten Menschen herantritt und von ihm eine schnelle Antwort oder Reaktion erwartet, dann passiert bei diesem Menschen oft Folgendes: Er fühlt sich gestresst und hätte gern mehr Zeit, bevor er sich verbindlich äußern möchte. Um dieser unangenehmen Situation zu entkommen, kann er einfach sagen: ‹Danke für die Anfrage. Ich muss da kurz drüber nachdenken und melde mich dann bei dir.› Am besten noch mit Nachsatz, wann die Rückmeldung kommt.

Dadurch nimmt er nicht nur sich selbst den Stress, sondern gibt gleichzeitig dem eher Extrovertierten die für ihn so wichtige Orientierung für seine tendenzielle Ungeduld.»

Der zweite Tipp der Unternehmensberaterin ist umfassender:

«Der andere Tipp hat mit Achtsamkeit und gelebtem Selbstbewusstsein zu tun.

Dazu wäre es gut, wenn alle Menschen mit stark introvertierter Präferenz sich bewusst werden, dass das nicht ein Zeichen persönlicher Schwäche ist, ganz im Gegenteil: In der richtigen Umgebung liegt darin eine enorme Stärke. Denn gerade introvertierte Mitarbeiter bringen viele wertvolle Eigenschaften mit ins Arbeitsleben. Wenn man als Introvertierter jedoch merkt, dass diese Eigenschaften am Arbeitsplatz nicht abgefragt oder wertgeschätzt werden, dann kann das diesen Menschen in eine persönliche Krise führen. Kurzfristig lässt sich das vielleicht aushalten, aber langfristig ist eine solche Situation untragbar. Die Lust an der Arbeit geht verloren, und es besteht sogar die Gefahr eines Burn-outs. Man kann im nächsten Mitarbeitergespräch mit dem Vorgesetzten auf diese Fehleinschätzung hinweisen und um seine Unterstützung bitten. Wenn das nicht hilft, ist es eine mutige, aber gute Entscheidung, für das eigene Wohlergehen die Firma zu verlassen und sich ein neues, passenderes Arbeitsumfeld zu suchen!»

Ich liebe diesen Ratschlag. Denn verkürzt lautet er ganz einfach: Wenn du für das, was du bist, nicht wertgeschätzt wirst, dann geh.

Zweiter Teil.
Für introvertierte Eltern

Mein Kind und ich –
so verliebt und so genervt

Im ersten Teil dieses Buchs habe ich eine Übung beschrieben, bei der die werdenden Eltern ein Bild ihres Kindes malen sollten, so, wie sie es sich vorstellten – um es dann zu verbrennen, weil das Kind niemals so sein wird.

Als ich diese Übung vor ein paar Jahren gemacht habe, hatte ich mir, klar, ein kleines Mädchen gewünscht, das still diese Welt betrachten würde, mit großen Augen und schlauen Gedanken, die sie nur Auserwählten mitteilen würde. Die Auserwählte wäre natürlich ich. Wir würden uns zusammen durch diese Welt bewegen, ich würde ihr alles zeigen, ihr über die Hürden helfen, all ihre verborgenen Talente ans Licht, das ganze Kind zum Leuchten bringen. Ich sah uns gemeinsam auf dem Sofa liegend, philosophieren. Lesend. Zusammen mit ihrem Vater am Meer. Lachend. Wir würden uns blind verstehen, weil wir uns so unheimlich ähnlich wären. Und ich wusste schon im gleichen Moment, in dem ich dieses Kind beschrieb, was für ein Quatsch das war. Aber ich war ehrlich zu mir selbst. Das war eben das Kind, das ich mir in meinen Träumen vorstellte. Ich verbrannte den Zettel, ließ das Wunschkind ziehen und wartete gespannt. Was kam, war meine Tochter.

Ihren allerersten Strich durch meine harmonischen Vorstellungen machte sie mir gleich bei der Geburt. Sie kam zehn Tage früher als geplant – am einzigen Tag des Jahres, den ich seit meiner Kindheit nicht ausstehen kann: an Silvester. Ich kann nicht genau erklären, was mich an diesem Tag so wahnsinnig stört. Wahrscheinlich ist es die Mischung aus Jahresabschiedsschmerz, Böllerei, erzwungenem Feiern und betrunkenen, distanzlosen Erwachsenen. Gäbe es einen Feiertag der Extrovertierten, es wäre wohl Silvester. Alle sind laut, alle feiern, niemand darf alleine sein.

In den Jahren vor der Geburt habe ich Silvester vermieden, verschlafen, verdrängt, verpasst. Erst, wenn die Böllerei vorbei war, alle mit beginnenden Kopfschmerzen im Bett lagen und allgemeine Katerstimmung sich breitmachte, verließ ich das Haus und spazierte durch die leeren, verschmutzten Straßen.

Irgendwie ist es für mich noch heute seltsam symbolhaft, dass meine Tochter genau diesen Tag gewählt hat, um auf die Welt zu kommen, um ihn dadurch für mich für immer zu verändern.

Ich erinnere mich gut an die Nacht nach der Geburt. Allein lag ich in meinem Zimmer der Station, das Neugeborene auf dem Bauch. Immer wieder dösten wir ein, erholten uns von den gemeinsam durchgestandenen Strapazen. Zeit und Raum perlten an uns ab, da waren nur sie und ich in diesem stillen Zimmer. Irgendwann wurde ich wach, als es draußen anfing zu knallen. Es war Mitternacht. Ich war zu geschwächt, um aufzustehen und das Feuerwerk vom Fenster aus zu betrachten. Meine Tochter war mein ganz eigener Silvesterknaller.

Am Morgen kam mein Mann zurück ins Krankenhaus. Er nahm das kleine Bündel von meinem Bauch, hob es hoch und fragte: «Wer bist du denn?» Typisch extrovertiert – ihr Vater hatte sich nicht viele Vorstellungen gemacht, musste keine Erwartungen hinterfragen und Zettel mit Wunschkindern verbrennen. Er kam, schaute sie an und fragte einfach, wer sie war.

Tja. Wer war dieses Menschlein, das sich vom allerersten Moment seines Lebens nicht um meine Erwartungen kümmerte? Nachdem ich vor der Geburt bereits ausgiebig recherchiert hatte, wusste ich, dass wir schon bald erkennen würden, ob wir da ein eher extrovertiertes oder introvertiertes Kind vor uns hatten. Ich beobachtete unsere Tochter genau. Wie reagierte sie auf Reize, wie ertrug sie laute Musik, bunte Mobiles, trubelige Umgebungen? Sie zeigte sich ziemlich unbeeindruckt von alldem, stellte ich fest. Da, wo es bunt und laut war, krabbelte sie hin und setzte sich zufrieden mittenrein. Auch als sie älter wurde, brauchte sie selten Pausen oder Auszeiten, zog sich eigentlich nie in ihr Zimmer zurück. Sie wollte permanent mit Menschen zusammen sein, blühte auf, sobald sie auf Familienfeiern war. Das hat sich bis heute nicht geändert. Mit circa einem Jahr hat unsere Tochter angefangen zu sprechen – und seitdem nicht mehr damit aufgehört. Natürlich liebe ich es, mich mit ihr austauschen zu können. Wie anstrengend es aber wirklich ist, fiel mir eines Tages auf, als meine Mutter zu ihr, halb im Scherz, halb im Ernst sagte: «Mädchen, du klingst wie eine gesprungene Schallplatte.» Da erst merkte ich, dass mein Kind seine Sätze so lange wiederholte und wiederholte, bis man darauf einging. Das klingt erst mal ziemlich banal, und wer Kinder hat, kennt es sicherlich, dieses ewige «Mama? Mama? Mama? Maaamaaa!» (oder wahlweise: Papa). Wenn man aber mit dem Kind gemeinsam an einem Tisch sitzt und es einen fünfmal hintereinander darüber informiert, dass es dem Einhorn jetzt rosa Hufe malt, kann es wahnsinnig nerven. Meine Tochter braucht für alles, was sie tut, eine Art Rückkopplung. Wenn sie die nicht bekommt, wiederholt sie ihren Satz einfach wieder und wieder, bis sie auf Resonanz stößt.

Jetzt ist sie fünf Jahre alt, könnte den ganzen Tag von früh bis spät Dinge unternehmen und mit Menschen zusammen sein. Daraus zieht sie ihre Energie. Sie ist, man ahnt es, wahnsinnig anstrengend für einen leisen Menschen wie mich, und ich liebe sie natürlich trotzdem abgöttisch.

Vor ein paar Wochen fragte meine Tochter mich, ob sie ein bestimmtes Mädchen aus ihrem Kindergarten einmal nachmittags treffen könnte. Ich schrieb der Mutter des Mädchens eine Nachricht. Es ging ein bisschen hin und her, zwar wollten sich beide Kinder gerne verabreden, aber es war schwierig, einen Termin zu finden. Schließlich schrieb ich: «Hey, wir wohnen direkt neben der Ballettschule. Wie wäre es, wenn wir deine Tochter dort nach dem Tanzen abholen und die Mädchen dann noch zu uns kommen?» Es schien mir eine unkomplizierte Lösung. Die Antwort kam prompt: Nein, das wäre zu viel für ihre Tochter, nach Kindergarten und Ballett müsse sie sich zu Hause ausruhen. Ich lächelte wissend in mich hinein. Und schrieb, dass ich mir manchmal auch ein Kind wünschen würde, das sich ausruhen muss – und dass unsere Tochter leider nie müde wäre, sondern nach dem Kindergarten, Ballettunterricht und Verabredung abends noch eine Party feiern könnte. Es war mit einem Augenzwinkern gemeint, kam aber anscheinend nicht so an. Die andere Mutter schrieb zurück, ihre Tochter wäre auch nicht müde, sie brauche lediglich eine Auszeit. Ich überlegte kurz, ihr zu antworten: «Ich weiß, dass es Kinder gibt, die Auszeiten brauchen, ich bin gerade dabei, ein Buch genau darüber und über die Wichtigkeit von Auszeiten zu schreiben!» Kurz überlegte ich, wie ich die Sache mithilfe der gewaltfreien Kommunikation lösen könnte. Aber ich war nicht stark genug und antwortete stattdessen lieber gar nicht mehr. Die Mutter meldete sich ebenfalls nicht. Die Kinder haben sich dann nie verabredet. Ich weiß, dass es ein Missverständnis war, das ich mit ein paar Worten einfach aus dem Weg hätte räumen können. Aber irgendwie fühlte sich dieser Nachrichtenwechsel an wie ein winziger, unsichtbarer Stachel, der mich daran erinnerte, dass mein Kind anders war, als ich es mir ursprünglich vorgestellt hatte.

Auf verschiedenste Art und Weise werde ich jeden Tag von Neuem auf diese Tatsache hingewiesen. Meine Tochter ist nicht nur anders, als ich es ursprünglich vermutet hatte, sie hat auch vollkommen andere Bedürfnisse als ich selbst im Kleinkindalter. In ihrem Kindergarten gibt es zum Beispiel ein Buch, in das Eltern reinschreiben, ob das Kind von einem anderen Elternteil abgeholt wird oder mal eine Stunde länger bleibt. Eines Tages fragte mich mein Mann, nachdem er sie in den Kindergarten gebracht hatte: «Du, in dem Abholbuch steht ganz oft, dass irgendwelche Kinder einen Pausentag machen. Was ist das? Und warum machen wir das nicht?»

Ich erklärte ihm, dass es Kinder gibt, denen der tägliche Kindergartentrubel manchmal einfach zu anstrengend ist.

Dass die dann zu Hause bleiben und vielleicht ein bisschen lesen und Hörspiele hören, den Tag in ihrem Zimmer verdaddeln und rumträumen, um wieder Energie zu tanken. Er sah mich an und fragte nicht weiter. Unser Kind brauchte keine Pausentage.

Ich hätte niemals gedacht, dass aus jemandem wie mir, der bis ins Innerste introvertiert ist, jemand entstehen könnte, der so dermaßen extrovertiert ist. Die Sache traf mich einigermaßen unvorbereitet. Ich hatte zwar die Erwartungen, wie dieses Kind sein sollte, schon lange vor seiner Geburt verbrannt und vergessen. Aber was immer noch da war, waren die Erwartungen, die ich an mich als Mutter hatte: Dass ich mein Kind vor Stress schützen, ihm Ruhezonen bieten und es vor lauten Partys retten würde. Aber mein Kind will nicht von mir gerettet werden. Und schon gar nicht dann, wenn es sich auf einer lauten Party befindet. Ganz im Gegenteil. Mein Kind will auf jeder Party tanzen, bis zum Schluss. Und zwar am liebsten mit mir und ihrem Vater gemeinsam.

Und da haben wir das Problem. All die Tricks, die ich mein Leben lang für introvertierte Kinder gesammelt habe, all die Tipps aus dem ersten Teil des Buches sind für mich als Mutter ... eigentlich wertlos. Zu akzeptieren, dass das Kind so ist, wie es ist, fiel mir relativ leicht. Ich war und bin verliebt, wie alle Eltern. Aber dass mein Leben als Mutter so anders ist, als ich mir das früher vorgestellt habe, das stellt mich auch heute noch jeden Tag vor Herausforderungen. Von mir werden Dinge verlangt, die ich niemals bedacht habe.

Jeder kennt diesen einen Satz, den Menschen mit Kindern zu Menschen ohne Kinder sagen: «Du hast keine Ahnung, was auf dich zukommt.» Auch wenn man sich das als (noch) kinderloser Mensch nicht vorstellen kann: Der Satz ist leider wahr und gilt für extrovertierte genauso wie für introvertierte Eltern. Allerdings habe ich die Vermutung, es trifft die introvertierten ein bisschen härter. Denn die haben, egal ob sie um ihr Introvertiertsein wissen oder nicht, sich über viele Jahre hinweg ihr Leben so eingerichtet, dass es zu ihnen und ihren Bedürfnissen passt. Wer kein Kind hat, hat viel Zeit für sich allein. Zeit, die stille Menschen brauchen, um zu denken, zu entspannen oder auch einfach nur mal, mit einer Pizza vor sich, allein auf dem Sofa zu liegen. Zeit, um ihre Batterien aufzuladen. Sobald ein Baby da ist, existiert diese Zeit von einer Minute auf die andere nicht mehr. Je kleiner das Wesen, desto mehr ist es auf Kontakt angewiesen. Es braucht einen rund um die Uhr. Was das wirklich bedeutet, ist mir erst klar geworden, als ich meine Tochter bekommen habe.

Ich war mehr als bereit zurückzustecken. Ich hatte dieses Kind gewollt, ich hatte es bekommen. Jetzt brauchte es mich, und ich wollte da sein. Die ersten Monate lang ging es einigermaßen gut. Ich hatte das Baby auf dem Arm. Lag mit ihm auf dem Sofa, ging mit ihm spazieren, in die Badewanne und ins Bett. Ich schlief mit ihm ein, ich wachte mit ihm auf. Manchmal war ich vielleicht kurz allein, denn das Kind hatte ja auch einen Vater. Lange, einsame Stunden aber erlebte ich nicht mehr.

Da die meisten Introvertierten ein sehr gutes Einfühlungsvermögen haben und Babys glücklicherweise wahnsinnig süß sind, geht das eine Weile lang gut. Das ist von der Natur so gedacht und biologisch gut geplant. So schütten Eltern kleiner Babys in den ersten Monaten vermehrt Hormone aus, welche uns Menschen besonders aufopferungsvoll machen und uns ermöglichen, die eigenen Bedürfnisse eine Zeit lang hintanzustellen. Das Kindchenschema und diese große, überwältigende Liebe tun ihr Übriges: Der Wille, für das kleine Wesen, was man da in die Welt gesetzt hat, gut zu sorgen, ist groß. So war es auch bei mir. Und mit diesem Willen kam eine Kraft, die ich vorher nicht hatte: Niemals wäre ich als introvertierter, psychisch gesunder Single so weit über meine Energiereserven hinausgegangen für einen anderen Menschen.

Ich denke jedenfalls oft darüber nach, wie man ein kleines Wesen so lieben und gleichzeitig so genervt von ihm sein kann. Natürlich hat jede Familie ganz eigene und individuelle Gründe, warum der Alltag herausfordernd ist. Die einen schlafen seit Jahren nicht durch, bei den anderen gibt es andauernde Geschwisterkämpfe. Wieder woanders sind die Eltern kein gutes Team. In unserem Fall ist es so, dass die Kombination introvertierte Mutter und extrovertierte Tochter eine sehr herausfordernde ist. Sie braucht Menschen um sich herum, und zwar im Besonderen ihre Mutter. Wenn es ihr schlecht geht, sie Stress hatte oder einfach nur Entspannung und Ruhe sucht, dockt sie sich bei mir an. Das ist ihre Methode, um Energie zu gewinnen. Leider – aus meiner Sicht leider – ist es allerdings nicht so, dass sie sich irgendwann freiwillig wieder abdockt. Sie bleibt einfach an mir und mit mir, solange es irgendwie geht, weil das für sie – momentan jedenfalls noch – die angenehmste und sicherste Art ist, ihre Zeit zu verbringen. Wenn wir zusammen zu Hause sind, würde sie niemals auf die Idee kommen, Zeit allein in ihrem Zimmer zu verbringen. Sie ist immer im selben Raum wie ich – und es ist ihr auch mit fünf Jahren noch egal, wenn dieser Raum die Toilette ist. Sitzen wir an einem Tisch, will sie am liebsten auf den Schoß, mich wenigstens immer wieder berühren oder auf irgendeine andere Art körperlich interagieren. Gleichzeitig möchte sie die ganze Zeit auch verbal kommunizieren. Sie fragt, sie erzählt, sie plappert und singt und geht immer wieder sicher, dass ich auch wirklich zuhöre. Für mich ist das natürlich ein großes Kompliment. So viel Vertrauen, so viel Liebe und so viel körperliche Zugewandtheit sind nicht selbstverständlich. Und trotzdem ist es unendlich ermüdend. Einfach weil es niemals aufhört, sie niemals den Anschein macht, dass sie nun aufgeladen ist, genug Mama hatte und von mir ablässt. Wie ein Fass ohne Boden, in das man Liebe hineinschüttet und schüttet und irgendwann selbst ganz leer ist – aber das Kind noch lange nicht satt. Denn genau das ist eben das Schwierige an unserer Kombination: Sie braucht meine Nähe, um aufzutanken – ich hingegen muss mich von ihr lösen, allein sein, um wieder aufzuladen.

Sobald die ersten Monate vorbei sind und das Baby aus dem Gröbsten raus ist, kann ich also allen Introvertierten nur raten, sich langsam wieder an die eigenen Ressourcen und Bedürfnisse zu erinnern. Es wichtig für unsere physische und psychische Gesundheit, diese Art der Bedürfnisunterdrückung der ersten Monate nicht zu unserem Alltag für die nächsten achtzehn Jahre als Eltern zu machen.

Bedürfnisse und Grenzen
introvertierter Eltern

Die Autorin Nora Imlau hat sich in ihrem Ratgeber *Mein Familienkompass*[33] sehr ausführlich mit dem Thema Bedürfnisse aller Familienmitglieder auseinandergesetzt. Es ist einer der besten Erziehungsratgeber, die ich je gelesen habe. Seine zentrale Frage lautet: Was brauche ich und was brauchst du? Imlau ermutigt Eltern, ihre Bedürfnisse (in unserem Fall das Bedürfnis nach Ruhe, Pausen und nach Einsamkeit) durchzusetzen und zu verteidigen. Und zwar ohne schlechtes Gewissen. Seine eigenen Bedürfnisse zu kennen und zu befriedigen sei nicht egoistisch und auch kein Luxus, den man sich nur ab und zu mal heimlich gönnen dürfe. Vielmehr sei das zentral für ein harmonisches und langfristig funktionierendes Familienleben. Dabei spielt Selbstfürsorge eine riesige Rolle, also die Fähigkeit, nicht nur auf die Bedürfnisse anderer Familienmitglieder, sondern eben auch auf die eigenen Bedürfnisse liebevoll einzugehen. Selbstfürsorge ist ein essenzieller Teil des Elternseins, und gerade Mütter tun sich häufig schwer damit: Interessanterweise sind speziell Frauen oft gut darin, ihre eigenen Gefühle wahrzunehmen, aber fast noch besser darin, ihnen keinen großen Stellenwert zu geben. Nach dem Motto: «Ja, ich bin müde und erschöpft und hätte gerne einen Tag mal nur für mich allein, aber das geht ja nicht.» So gut die Intention hinter einem solchen Verhalten eventuell auch sein mag – Frauen vergessen dabei, dass auch dieses Verhalten ein Vorbild ist. Und zwar eventuell ein falsches.

Die Journalistin und Feministin Teresa Bücker schrieb im Magazin der *Süddeutschen Zeitung*: «Freizeitforscher* innen haben nachgewiesen, dass Töchter vor allem von ihren Müttern lernen, wie sie freie Zeit verbringen.»[34] Wer sich also wünscht, so schlussfolgert die Autorin, dass aus den Töchtern Frauen werden, die es für selbstverständlich halten, Pausen verdient zu haben, lebt ihnen genau das vor. Mitzubekommen, dass ihre Mutter sich Zeit für sich allein nimmt oder auch mal einfordert, kann also sehr lehrreich sein.

Aber natürlich gilt diese Regel auch für Männer und Jungs. Hier gibt es eine wunderbare Möglichkeit, seinen eigenen Kindern etwas vorzuleben, von dem man mit Sicherheit möchte, dass sie es später selbst einmal können: Ihre Bedürfnisse erkennen und, falls sie von anderen wiederholt missachtet werden, für sie zu kämpfen, statt sie zu unterdrücken.

(Wer mehr wissen will über bedürfnisorientierte Erziehung, dem sei, wie gesagt, der wunderbare *Familienkompass* von Nora Imlau ans Herz gelegt.)

Die eigenen Grenzen

Als wichtigen Indikator für das Erkennen der eigenen Bedürfnisse nennt Imlau in ihrem Buch Wut.[35] Wenn Wut gegen das Kind aufkommt, sei das Zeichen, dass es einem selbst nicht gut geht, Grenzen verletzt oder Bedürfnisse ziemlich lange schon nicht erfüllt wurden. Diese Wut sollte man als Warnsignal deuten, sich selbst nicht zu vergessen und ziemlich bald die Notbremse zu ziehen.

Imlau gibt außerdem einen wichtigen Tipp, damit die eigenen Grenzen und das darauf bezogene Nein von Kindern sehr viel besser gehört und berücksichtigt werden. Er ist so simpel wie einleuchtend: Man sollte sich gut überlegen, wozu man sonst noch so Nein sagt im Alltag. Damit die wirklich wichtigen Neins – nämlich die, die signalisieren: Hier ist meine persönliche Grenze – nicht untergehen zwischen den vielen Nein-nicht-aufs-Sofa-hüpfen, Nein-jetzt-keine-Schokolade und Nein-bitte-nicht-das-Waschbecken-mit-Zahncreme-putzen untergeht.

Die Sache mit den Neins ist einer der besten Erziehungstipps, die ich jemals bekommen habe: Überlege dir gut, wozu du Nein sagst, was dir wirklich wichtig ist und was eigentlich gar nicht so schlimm ist. Ein mit Zahnpasta eingecremtes Waschbecken gehört für mich dazu.

Die Sache ist natürlich: Unsere Kinder sind nicht dafür gemacht, immerzu verständnis- und rücksichtsvoll mit unseren Bedürfnissen umzugehen. Deswegen ist es wichtig, ihnen zu zeigen, wo unsere Grenzen liegen und wann man das Bedürfnis nach Ruhe hat. Und genau so, wie wir im ersten Teil des Buches gelernt haben, wie wichtig es ist, die Grenzen unserer Kinder zu respektieren, müssen wir auch darauf achten, dass unsere Grenzen respektiert werden. Und wenn sie es nicht werden, ist es unser Recht, dafür einzustehen. Auf klare, liebevolle Weise. Schon kleine Kinder können verstehen, dass Eltern irgendwann müde sind. Dass auch ihre Energien irgendwann ausgeschöpft sind.

Über das Thema Grenzen hat der dänische Familientherapeut Jesper Juul vor vielen Jahren ein großartiges und damals ziemlich revolutionäres Buch geschrieben: *Nein aus Liebe*.[36] Die Essenz dieses Buches lautet: Selbstfürsorge ist für alle wichtig, nicht nur für die Kinder. Denn nur erholte, entspannte Eltern können wirklich gut für ihr Kind da sein. Um das zu garantieren, fordert er Eltern auf, Grenzen zu setzen. Und zwar nicht willkürliche Grenzen, die lediglich aus Gewohnheit bestehen oder weil «es eben schon immer so war». Sondern persönliche Grenzen. Denn nur die können wir auch plausibel begründen und verteidigen.

Ein Beispiel: Es ist Abend, alle sind müde. Die Eltern vielleicht mal wieder ein kleines bisschen müder als die Kinder. Eigentlich sollten die Kleinen langsam ins Bett gehen. Aber es ist Wochenende, und alle drehen noch einmal auf. Nun könnte man als Eltern durchaus sagen: «Ab ins Bett, um acht ist Schlafenszeit.» Eine verständliche, oft angewandte – und trotzdem willkürliche Grenze. Denn vielleicht ist das Kind noch nicht müde, vielleicht kann es sowieso noch nicht schlafen, und morgen ist doch Wochenende und überhaupt ist alles gerade so schön. Eine persönliche Grenze, die die Eltern nun setzen könnten, wäre: «Es war ein echt schöner Tag mit dir, und jetzt brauche ich eine Pause. Wenn du weiter wach bleiben willst, musst du dich alleine beschäftigen. Ich werde im Wohnzimmer noch etwas lesen und möchte meine Ruhe haben.» Das ist für viele Menschen eine ungewohnte Art, Grenzen zu setzen, weil die meisten von uns noch anders groß geworden sind. Aber sie funktioniert ganz wunderbar. Konkret bedeutet es als introvertierter Elternteil, dass ich mein Bedürfnis nach Ruhe erkläre und kommuniziere. Am besten mit konkreten Vorschlägen und abgesteckten Zeiten.

Das ist nicht immer einfach. Meine Tochter beispielsweise ist den ganzen Tag aufgedreht, hüpft ohne Pause herum, singt lauthals und fordert Beschäftigung ein. Und genauso wenig, wie man ein introvertiertes Kind dafür kritisieren sollte, dass es zu leise ist, sollte man ein extrovertiertes Kind nicht für seine Lautstärke kritisieren. Es hilft, bei sich und seinen Bedürfnissen zu bleiben – und nicht in die Versuchung zu kommen, dem Kind Verantwortung für den eigenen Gemütszustand zu geben. Ganz einfach angewendet, sollte die Botschaft also nicht lauten: «Du bist mir zu viel», sondern: «Mir ist das zu viel.» Ein kleiner, aber entscheidender Unterschied für den Selbstwert des Kindes. Auch hier lohnt es sich, die Giraffensprache aus dem ersten Teil des Buches auszuprobieren.

Schwierig sind auch beispielsweise Sätze wie: «Du warst den ganzen Tag so laut, dass ich gleich Kopfschmerzen bekomme.» Die bessere Alternative wäre hingegen: «Ich brauche eine Pause, weil mir das hier gerade zu laut ist. Wie wäre es, wenn du mit Papa in der Küche weitersingst?» So habe ich mein Bedürfnis kommuniziert, ohne dass ich dem Kind gleichzeitig eine Schuld aufgelastet habe.

Diese Art der Kommunikation ist nicht immer leicht, und vielleicht kann man sie auch nicht immer perfekt umsetzen:

Obwohl ich zum Beispiel ganz genau weiß, was ich eigentlich sagen möchte und was nicht, passiert es auch mir ab und zu, dass ich meiner Tochter die Verantwortung für mein Genervtsein gebe. Erst vor ein paar Tagen gerieten wir aneinander, weil es mir wieder mal zu laut war – meine Tochter aber unbedingt laut singen wollte. Nach einem kurzen Streit entschuldigten wir uns beieinander. Dabei sagte sie den Satz: «Tut mir leid, dass ich immer so laut bin.» Zuerst schrillten bei mir die erzieherischen Alarmglocken. Meine Tochter sollte sich nicht verantwortlich fühlen für meine Überforderung. Aber dann antwortete ich einfach auf ähnliche Weise: «Tut mir leid, dass ich immer so empfindlich bin und so viel Ruhe brauche.» Und irgendwie war das für uns beide dann auch okay.

Großzügigkeit ist keine Einbahnstraße. Man muss nicht nur mit seinen Kindern großzügig sein, man kann es auch mit sich selbst sein.

Hilfreiche Routinen

Im Folgenden möchte ich von ein paar Routinen erzählen, die mir als introvertierter Mutter den Alltag erleichtert haben. Manche klingen vielleicht etwas pragmatisch oder in den Ohren einiger Menschen sogar «herzlos». Es geht mir bei den Routinen auch nicht darum, mein Kind «wegzuorganisieren»: Wir haben immer noch viele gemeinsame Stunden und Tage mit vielen schönen Erlebnissen. Vielmehr geht es mir darum, meine Energiereserven im Blick zu behalten. Um eine gute Mutter zu sein – und es auch langfristig zu bleiben.

Gemeinsame Zeit

Zeit mit anderen Menschen zu verbringen, ist für introvertierte Menschen anstrengend. Auch, wenn es sich dabei um die eigenen Kinder handelt. Auch, wenn man seine Kinder über alles liebt. Trotzdem wollen wir natürlich Zeit mit unseren Kindern verbringen – und zwar eine möglichst schöne. Obwohl Introvertierte nicht verhindern können, dass sie dabei Energie verlieren, können sie wenigstens darauf achten, in welcher Geschwindigkeit das passiert. Anders gesagt: Je weniger energieraubend die gemeinsam verbrachte Zeit mit dem Kind ist, desto länger und angenehmer kann dieser Zeitraum sein. Fahre ich mit dem Kind in ein Einkaufszentrum, um zwischen lauter Musik, vielen Leuten und Bergen von blinkendem, tönendem Plastikspielzeug shoppen zu gehen, verliere ich schneller und mehr Energie, als wenn ich mit ihm in den Park gehe und auf dem Spielplatz ein paar Sandtürmchen baue.

Der Trick ist also, das Kind in jene Aktivitäten zu integrieren, die man als Introvertierter bevorzugt. In meinem Fall bedeutet das: Auf den Kindergeburtstag, den Jahrmarkt und ins Shoppingcenter kann das extrovertierte Kind gerne mit seinem extrovertierten Vater gehen. Ich versuche, mich auf Dinge zu konzentrieren, die für mich weniger kräftezehrend sind. Hörspiele hören. Puzzeln. Und immer wieder: Lesen. Für introvertierte Eltern ist Lesen meiner Meinung nach die beste Möglichkeit, Zeit mit seinem Kind zu verbringen.

So unterschiedlich die Bedürfnisse meiner Tochter und mir auch sind, Bücherlesen ist die eine großartige Beschäftigung, auf die wir uns eigentlich immer einigen können. Es ist fast ein bisschen magisch, wie mein immer beschäftigtes, energiegeladenes Kind reagiert, sobald ich frage: «Sollen wir zusammen ein Buch lesen?» Dann ist es bereit, alles stehen und liegen zu lassen und sich zu mir aufs Sofa zu kuscheln. Von Anfang an war das so. Sobald ich einigermaßen sicher sein konnte, dass mein Baby irgendetwas sehen konnte, habe ich mit ihm Bücher angeschaut. Ich auf dem Sofa, ihr Kopf an meiner Brust, meine Stimme in ihrem Ohr. Etliche Stunden haben wir auf diese Weise verbracht. Stunden, an die ich mich gerne erinnern werde, wenn sie mal groß sein wird. Gemeinsam tauchen wir ab in die Geschichte, ich höre nur noch ihren Atem, und ab und zu auch den nicht mehr, weil sie vor Spannung die Luft anhält. Ich liebe es. Jede Woche gehe ich in die Bücherei, um Nachschub zu holen.

Irgendwann hat sich eine Angewohnheit in unser Leseritual geschlichen, ohne dass ich es bewusst initiiert habe: Wenn meine Tochter sich wünscht, dass ich ihr ein Buch vorlese, mache ich das eigentlich immer gern, zu jeder Tages- und Nachtzeit. Allerdings habe ich mir angewöhnt, sie zu bitten, dass sie sich das Buch vorher schon einmal alleine anschaut. Ein Trick, der natürlich nur funktioniert, solange die Bücher noch Bilder haben. Es ist ein wunderbarer kleiner Deal: Ich schenke dir meine Zeit, wenn du mir vorher etwas Zeit schenkst. Während meine Tochter sich also die Bilder anschaut und wahrscheinlich versucht, sich zusammenzureimen, was in der Geschichte passiert, mache ich mir noch in Ruhe einen Kaffee. Je nach Buch habe ich zwei bis fünf geschenkte Minuten völliger Stille. Danach lesen wir das Buch zusammen. Und manchmal, wenn ich fertig gelesen habe, funktioniert der Trick auch andersherum. Dann schaut sie sich das Buch noch mal alleine an. Oder greift zu weiteren Büchern und versinkt ein paar Minuten darin. Das mag für manche Eltern eine ganz normale Sache sein, für jemanden, der eine so menschenbezogene Tochter hat wie ich, ist es ein seltener Augenblick, den ich dankbar annehme.

Natürlich hat dieser ungezügelte Bücherkonsum auch seine Nebenwirkungen. Mit drei Jahren fing meine Tochter an, eigene Buchstaben zu schreiben. Mit vier Jahren konnte sie lesen. Sie war noch nicht fünf Jahre alt, da fragte sie mich: «Mama, wie schreibt man eigentlich ‹Pferdenamen-sammelheft›?» Nur, um dann Buchstaben für Buchstaben aufs Papier zu malen. Heute kann sie lesen und schreiben, bevor sie überhaupt eine Schule von innen gesehen hat. Und obwohl ich weiß, dass es absoluter Quatsch ist, auf so etwas stolz zu sein, erwische ich mich in solchen Situationen selig lächelnd: So unterschiedlich wir auch sind, diese Welt teilen wir. Die Welt der Buchstaben und Geschichten.

Lesen ist also eine perfekte Beschäftigung für introver-tierte Eltern: Man braucht dafür Ruhe, kann sich dabei ent-spannen kann und – man kann dabei liegen. Erst während ich dieses Buch geschrieben habe, entdeckte ich, dass ich mit dieser Vorliebe für Beschäftigungen im Liegen Teil einer Bewegung bin, die in den USA «Horizontal Parenting» ge-nannt wird, also «Erziehung im Liegen». Die Idee ist, dass man selbst liegt, und das Kind mit einem spielt, ohne dass man dabei viel Energie verbraucht. Beispielsweise, indem Papa ein Patient ist, der untersucht werden muss. Oder in-dem das Kind Mama in aller Ruhe schminken kann, während sie eine halbe Stunde die Augen schließt. Liegt man auf dem Bauch, kann das Kind mit den Fingern Buchstaben auf den elterlichen Rücken malen, die Mama oder Papa dann erra-ten müssen. Ein weiteres Spiel, das ich gerade erst im Netz gefunden habe und das meiner Tochter gut gefällt, ist «Be-schreiben und Bringen»: Ich bestelle auf dem Sofa liegend diverse Dinge wie: etwas Rotes, etwas Buntes, etwas Run-des, etwas aus Holz und so weiter. Das Kind läuft durch die Wohnung, sucht die Gegenstände und bringt sie. Am Ende müssen natürlich alle Gegenstände in umgekehrter Reihenfolge wieder zurückgebracht werden. Und natürlich nicht zu vergessen: der altbekannte Klassiker aus meiner Kindheit «Ich sehe was, was du nicht siehst».

Horizontal Parenting ist zwar ein amerikanischer Trend, aber wie man Kinder beschäftigt, ohne sich selbst dabei bewegen zu müssen, wussten anscheinend schon unsere Eltern.

Alleine spielen lassen

Interessanterweise wünschen wir uns als Eltern oft, dass das Kind sich auch mal alleine beschäftigt – wenn es das aber tut, fällt es uns wahnsinnig schwer, uns nicht einzumischen. Dem Baby rollt der Ball weg? Wir stupsen ihn zurück. Dem Kleinkind fällt der Turm immer wieder zusammen? Wir zeigen, wie es richtig geht. Die Sechsjährige mault, weil ihr selbst gemaltes Einhorn nicht so aussieht, wie sie sich das vorgestellt hat? Wir bieten unsere Hilfe an. Und schon ist das Kind wieder raus aus der kleinen zarten Spielblase, die es um sich herum aufgebaut hat. Denn natürlich findet das Baby es auch toll, wenn Mama und Papa den Ball hin und her rollen, das Kleinkind, wenn man einen richtig hohen Turm baut, oder die Sechsjährige, wenn man gemeinsam Einhörner malt. Es braucht ein kleines bisschen Training, sich diese unmittelbare Reaktion abzugewöhnen und einfach mal abzuwarten. Was macht das Kind, wenn man nicht sofort einspringt? Vielleicht entwickelt es neue Lösungsansätze. Oder ein neues Spiel. Oder es richtet tatsächlich seine Augen auf uns, dann können wir immer noch eingreifen.

Woran wir ebenfalls arbeiten können, ist die Akzeptanz der Spiele unserer Kinder. Vielleicht spielen sie nicht exakt das, was wir uns wünschen würden, aber vielleicht können wir trotzdem damit leben? Meine Tochter zum Beispiel wird wahnsinnig still und konzentriert, wenn sie zufällig meinen Lippenstift auf dem Waschbecken findet. Mit großer Hingabe und Präzision wird er aufgemacht und auf den Lippen verteilt. Und wenn ich länger nicht hinschaue, auch auf den Wangen, den Augenbrauen und am Schluss auf den Händen. Natürlich könnte ich mir Schöneres vorstellen. Aber wenn es nicht gerade ein teurer Lippenstift ist und wir anschließend genug Zeit haben, alles wieder abzuwaschen, gönne ich ihr den Spaß – und mir die Ruhe.

Ganz selten spielt meine Tochter aber auch aus purem Zufall plötzlich seelenruhig und gedankenverloren in ihrem Zimmer. Dann achte ich darauf, mich möglichst unsichtbar zu machen. Auf leisen Sohlen schleiche ich durch die Wohnung und fabriziere keine Geräusche, die irgendwie interessant sein könnten. Wohl aber Geräusche, die signalisieren, dass ich noch da bin. Bedeutet konkret: Spülmaschine einräumen: ja. Fernseher einschalten: nein. Ich biete auch kein Essen oder Trinken an, tue nichts, was das Kind irgendwie aus seiner kleinen Fantasieblase herausholen könnte. «Never change a running system», lautet die Devise. Ich verhalte mich ein bisschen wie ein Radio, das im Hintergrund vor sich hin dudelt.

Manchmal funktioniert es auch, eine «Alleine-Spielzeit» am Abend auszurufen. Irgendwann haben wir zu unserer Tochter mal gesagt: «Du, es ist jetzt schon spät, wir müssten dich eigentlich bettfertig machen. Aber wir geben dir mal einen Tipp: Wenn du uns jetzt nicht nervst, werden wir wahrscheinlich vergessen, dass du da bist, und du musst noch nicht ins Bett.» Das hat das eine oder andere Mal schon so gut funktioniert, dass meine Tochter still und leise neben uns am Tisch gesessen und gemalt hat, bis wir Erwachsenen angefangen haben zu gähnen und gefragt haben, wann wir denn nun endlich ins Bett gehen könnten.

Medienkonsum

Videos und Filme sind natürlich der absolute, ultimative, sofort funktionierende Trick, um das Kind ruhigzustellen und selbst Ruhe zu bekommen. Aber so gut es auch funktioniert, Medien als Babysitter einzusetzen, so groß ist bei vielen Eltern das schlechte Gewissen. Als ich noch keine Mutter war, bekam ich einmal mit, wie eine Freundin ihrer dreijährigen Tochter für die Autofahrt das Handy in die Hand drückte. «Dann kann ich ungestört Auto fahren», lächelte sie entschuldigend. Ich schaute sie entsetzt an, biss mir auf die Zunge und versuchte, dem Drang zu widerstehen, das Jugendamt zu rufen. NIEMALS im Leben würde ich eine Situation auf diese Weise lösen, dachte ich.

Dann bekam ich mein eigenes Kind. Seitdem weiß ich ziemlich genau, welches Video ich anmachen muss, um eine Packung Nudeln zu kochen oder um ein paar Minuten allein unter der Dusche zu haben. Meine Tochter schaut inzwischen an fünf Tagen die Woche ein Video, meist dauern diese Videos zwischen zehn Minuten und einer halben

Stunde. Manchmal, wenn ich nichts wirklich Dringendes zu tun habe, sondern einfach eine Zeit lang nicht den Alleinunterhalter spielen möchte, schalte ich nicht einfach nur den Fernseher an, sondern handle einen kleinen Deal aus: «Wenn du es schaffst, dich jetzt eine halbe Stunde allein zu beschäftigen, darfst du danach eine halbe Stunde Hörspiel hören.» Ein einfacher Trick, um seine eigene freie Zeit einfach mal zu verdoppeln.

Manchmal geht das allerdings schief. Meine Tochter hat dann die Angewohnheit zu behaupten, sie würde sich allein beschäftigen, setzt sich währenddessen aber zufälligerweise immer direkt neben mich und stellt – ganz aus Versehen, versteht sich – alle zwanzig Sekunden eine Frage. Als das das letzte Mal passierte, wurde ich irgendwann so genervt und das Kind so verzweifelt, dass ich nicht auf seine Fragen einging, dass wir beide am Ende weinten. Ich stellte kommentarlos den Fernseher an und verließ den Raum. Nach zwanzig Minuten hatten wir uns beruhigt, ich kuschelte mich neben sie aufs Sofa. Und dann schauten wir gemeinsam noch eine halbe Stunde fern. Ganz entgegen aller Regeln, die bei uns normalerweise gelten. Danach konnte ich den Fernseher ohne Theater ausmachen. «So lange durfte ich noch nie Fernsehen, oder, Mama?» Ich nickte. Wir aßen zusammen zu Abend, alles war wieder gut.

Seitdem habe ich mir vorgenommen, mich nicht mehr unendlich zu quälen, sondern einfach mal die Kiste anzuschalten, wenn die Lage mal wieder eskaliert. Das soll kein Aufruf sein, die Kinder ständig und stundenlang vor diversen Medien zu parken. Aber bevor wir weinend zusammenbrechen, weil alles zu viel wird, sollten wir ab und zu die strengen Regeln, die wir uns selbst auferlegt haben, auch mal brechen dürfen.

Das Kind abgeben

Insbesondere introvertierte Elternteile, die wissen, dass sie Ruhe und Zeit ohne Kind brauchen werden, schulden es dem Kind, Beziehungen zu Bezugspersonen aufzubauen, die dann da sind, wenn sie es selbst nicht sein können. Denn nur, weil ich gerne stundenlang alleine im Bett lese, kann ich von meinem Kind nicht verlangen, dass es das Gleiche in seinem Zimmer tut. Es ist also meine Pflicht, ihm andere Menschen an die Seite zu stellen, die da sind, bis meine Batterien wieder aufgeladen sind. Idealerweise sollte das jemand sein, der lange und verlässlich das Kind begleiten kann und emotional ähnlich involviert ist wie man selbst. In den meisten Fällen ist das wahrscheinlich der andere Elternteil, es können aber auch die Großeltern oder Freunde sein.

Ich kann mit meinem Kind nicht 24 Stunden am Tag zusammen sein. Vielleicht geht das eine Zeit lang, wenn es noch ein Neugeborenes ist, aber nach einigen Monaten ist es irgendwann Zeit, dass beide sich voneinander abnabeln. Erst für ein paar Minuten, dann ein paar Stunden. Alle Eltern wissen das, für alle ist es aber unterschiedlich schwer. Man könnte denken, Introvertierten fiele es leichter. Vielleicht stimmt das sogar. Weil unser innerer Drang, allein zu sein, so stark ist, dass er die Angst vor dem Loslassen überwiegt.

Schon lange bevor das Kind kam, hatte ich mir vorgenommen, es auch abzugeben. Das Kind und den Vater von Anfang an zu ermutigen, Zeit miteinander zu verbringen. Ich wusste, dass ich meine Auszeiten brauchen würde, um zu funktionieren. Natürlich war es am Ende schwerer als gedacht. Ich musste erst das Gefühl totaler Erschöpfung spüren, um loslassen zu können.

Es war das Ergebnis einer Kombination, die alle Eltern kleiner Babys kennen: Die seltsame Mischung aus Liebe und Müdigkeit und dem Gefühl, nie wieder abschalten zu können. Schreien und Schlaflosigkeit, eine Art ständiger Bereitschaftsdienst. Im Bett zu liegen neben dem kleinen Wesen und die Augen nicht schließen zu können, weil man es so bewundert, aber auch, weil man ständig das Gefühl hat, schon bald wieder das nächste Bedürfnis befriedigen zu müssen.

Einen Burn-out kann man auch bekommen, wenn man über eine lange Zeit eine sehr monotone Tätigkeit ausübt – so wie der Alltag mit einem Baby von Monotonie, von Wickeln, Trösten, Stillen geprägt ist. Von der gleichzeitigen Angst vor dem nächsten Schrei und dem Warten auf den Schrei. Diese merkwürdige Rastlosigkeit.

Ich erinnere mich an ein Wochenende, das wir als kleine neue Familie mit meiner damals zwanzigjährigen Patentochter und dem Baby auf dem Land verbringen wollten. Ein bisschen Urlaub machen, durchatmen. Aber, so sagte es ein schlauer Mensch einmal: Mit Babys kann man keinen Urlaub machen. Wir bleiben weiterhin Eltern, nur an einem anderen Ort. Vielleicht gibt es Mütter, die cooler sind als ich. Die ihr Kind auf eine Steppdecke legen und das Landleben genießen. Ich war leider nicht so. Ich war nur wahnsinnig müde. Und konnte trotzdem nicht schlafen. Dabei brauchte ich doch den Schlaf! Brauchte die Erholung, um weiter für mein Kind sorgen zu können. Und weil ich diesen Schlaf nicht finden konnte, merkte ich, wie ich immer mehr Energie verlor. Und verlor. So lange, bis ich vollkommen verzweifelt war und anfing, einfach unkontrolliert zu weinen. Meine Patentochter tat ihr Bestes und schnappte sich das Baby. Aber es half nichts. Es setzte mich nur noch mehr unter Druck. Denn jetzt musste ich unbedingt schlafen, meine Zeit nutzen. Wenn jemand anderes schon dein Kind nimmt, dachte ich, musst du danach zum Dank ausgeruht und erholt sein. Sonst hat der andere seine Arbeit ja «umsonst» gemacht.

Auch in anderen Fällen waren es meine selbst gebauten Gedankengerüste, meine vorgefertigten Vorstellungen über das Muttersein, die ich Stück für Stück hinterfragen und abbauen musste. Wo andere Eltern voller Stolz und Freude auf Instagram verkündeten, dass sie in Ruhe eine ganze Zeitschrift (!) auf dem Sofa gelesen haben und wie wahnsinnig gut ihnen das getan hätte, hatte ich das Gefühl, meine kurze freie Zeit nicht nutzen zu können. Es wirkte auf mich, als hätte ich gerade erst die Tür zugemacht und mich einmal um mich selbst gedreht – und schon war meine Familie wieder zurück vom Spaziergang, Spielplatz oder was auch immer. Als der Vater unsere Tochter später mal ein paar Stunden mit zu Freunden nahm, half mir das nur wenig. Ich konnte nicht abschalten, meine Zeit nicht genießen.

Es hat lange gedauert, und ich habe mich mit der Erkenntnis ziemlich schwergetan: Aber die ein, zwei Stunden allein auf dem Sofa, von denen andere Eltern sagten, sie würden ihnen so guttun, reichten mir nicht. Auch nicht der halbe Tag, wenn das Kind in der Krippe oder im Kindergarten war. Heute weiß ich: Wenn der Vater sich unsere Tochter schnappt und sagt, sie seien jetzt drei Stunden weg, dann ist mir klar, dass ich gar nicht erst anfangen muss, mich ernsthaft zu entspannen. Ich fühle mich immer noch unfrei, gestresst, eingeengt zwischen Terminen und den Gedanken, was ich mit dem Kind am Nachmittag noch unternehme und was wir am Abend alle zusammen essen. Ich habe mir das nicht ausgesucht, aber ich muss es akzeptieren: Um wirklich zu entspannen, brauche ich ein ganzes Wochenende. Nur mit Aussicht auf diese vielen Stunden, auf ein einsames morgendliches Aufwachen und ein ungestörtes Zubettgehen, kann ich wirklich loslassen. Mit mir musste das auch der Vater meines Kindes lernen. Und ja, auch das Kind. Mehr dazu im nächsten Kapitel.

Ohrstöpsel – Geliebte Wunderwaffe

Seit der Geburt meiner Tochter arbeite ich für verschiedene Familienmagazine. Manchmal habe ich Interviews geführt, manchmal über gesellschaftliche Themen geschrieben und ziemlich oft Kolumnen über mein Leben mit Kind. Die Redakteure und Redakteurinnen sind großartig, die Zusammenarbeit ist vergleichsweise leicht, sie mögen meine Texte. «Du bist immer so schön ehrlich», ist eine Rückmeldung, die ich oft bekomme.

Nur nicht, wenn es um *das* Thema geht. Meine kleine Geheimwaffe im Leben mit Kindern. Ausgerechnet die finden die leitenden Redakteure und Redakteurinnen der Familienmagazine nämlich etwas ... schwierig zu vermitteln. «Das können wir so nicht drucken», sagen sie. «Das ist ein bisschen zu krass.» Es geht um Ohrstöpsel – meiner Meinung nach das wichtigste Accessoire der Kindererziehung. Ich liebe sie. Und ich versuche, diese Liebe auch mit anderen zu teilen. Also verschenke ich sehr gerne Ohrstöpsel zur Geburt. Das Befremden der frischgebackenen Mütter ist meist so groß wie das der Redakteure und Redakteurinnen. Sie schauen mich mit einer Mischung aus Verwunderung und Skepsis an und packen die Dinger verschämt unter all die frisch geschenkten Bodys und Mützchen. Als hätte ich ihnen zur Geburt etwas ähnlich Unpassendes wie einen Dildo geschenkt.

Auf den ersten Blick erscheint es nur allzu verständlich, dass Eltern, die ihre Ohren verschließen vor dem Geschrei ihrer Kinder, gesellschaftlich nicht besonders anerkannt sind: Wenn ein Kind schreit, sollte es gehört werden. Es hat ein Bedürfnis und teilt uns das mit, egal ob es sich hier um ein Neugeborenes oder eine Fünfjährige handelt. Und dann handelt man als Mutter oder Vater und tut je nach Situation sein Bestes, um das Kind so gut es geht zu versorgen. Das ist Voraussetzung. Es soll hier also nicht darum gehen, sein Kind schreien zu lassen und sich selbst taub zu machen für seine Bedürfnisse.

Vielmehr geht es darum, sich um sich selbst UND sein Kind bestmöglich zu kümmern. Und das Kümmern geht eben am besten, wenn man mit den Nerven nicht völlig am Ende ist. Bis zu 120 Dezibel laut kann es werden, wenn ein Kleinkind schreit. Zum Vergleich: Eine Kreissäge hat etwa 100 Dezibel, ab 85 Dezibel am Arbeitsplatz haben Arbeitnehmer Recht auf einen Lärmschutz, wie zum Beispiel Bauarbeiter auf der Baustelle. Natürlich sind Kinder individuell, manche schreien lauter und manche leiser. Meine Tochter hat ein wahnsinniges Organ. Noch heute bin ich erstaunt, wie leise und nervenschonend dezent andere Kinder auf der Straße schreien. Wie kleine Kätzchen beschweren sie sich. Meine war eher der Typ Löwin. Sie schrie, dass mir die Ohren klirrten. Also habe ich früh angefangen, Ohrstöpsel zu benutzen. Nicht, damit ich schlafen kann, während mein Kind im anderen Zimmer schreit. Sondern damit ich es beruhigen kann, ohne selbst dabei verrückt zu werden. Ich hatte die ersten zwei Jahre immer Ohrstöpsel dabei, meistens in meinem BH, so waren sie greifbar, egal wo ich gerade mit dem Baby war und was ich gerade tat. Und sobald das Baby zur Löwin wurde, kramte ich die Dinger raus und stopfte sie mir in die Ohren. Das Kind hörte ich immer noch, aber eben ein paar Dezibel heruntergeregelt. Und dann konnte ich mich ganz in Ruhe um mein Baby kümmern.

Es ist ein bisschen wie die Empfehlungen zur Nutzung der Sauerstoffmasken im Flugzeug: Hilf zuerst dir selbst, damit du danach gewissenhaft für dein Kind da sein kannst – und dir nicht mittendrin die Puste ausgeht.

Ich hatte auch keine Scham, mir die Ohrstöpsel in Situationen reinzustecken, in denen man nicht damit rechnet. Zum Beispiel im Babykurs, wenn andere Kinder neben mir anfingen zu schreien. Oft hat das noch nicht mal jemand gemerkt. Haare drüber, lächeln, fertig.

Ich nutze die Dinger auch heute noch gerne. Manchmal, wenn das Kind nicht alleine sein will beim Hörspielhören, lege ich mich einfach in sein Bett, mache die Welt um mich herum ein bisschen leiser und träume mich weg – während das Kind neben mir bastelt und Bibi hext.

Trotz all dieser Tipps und Tricks, die ich mittlerweile in meinen Alltag eingebaut habe, gebe ich zu: Ich bin immer noch müde. Leide unter dem Schlafmangel der letzten Jahre, unter den ständigen Abwägungen: Wer bekommt wann wie viel Zeit und Energie? Was kann ich leisten, ab wann muss ich ablehnen, ist das jetzt noch Selbstfürsorge oder schon Egoismus? Oft wünsche ich mir, dass das alles schneller ginge, dass die Bedürftigkeit meines Kindes abnehmen würde, je älter es wird. Wenn meine Gedanken zu sehr in diese Richtung streben, wenn sich mein Leben zu sehr nach einem Langstreckenlauf anfühlt, den ich irgendwie mit letzter Kraft noch schaffen muss, wenn ich nur noch das Gefühl habe, die Zeit mit meinem Kinde irgendwie überleben zu müssen, dann hilft mir ein Sprichwort:

«Die Tage sind lang, aber die Jahre sind kurz.»

Es wird der Tag kommen, an dem ich mir sehnlichst das Kind zurückwünsche, das wie ein Äffchen auf meinen Schoß klettert, sich an mich schmiegt und voll und ganz für sich beansprucht. So anstrengend es manchmal auch ist, es wird irgendwann vorbei sein. Und dann werde ich es vermissen.

Den Familienalltag gut bewältigen

Es war ein schöner Tag im letzten Sommer. Ein Sonntag. Der Tag, an dem wir als Familie etwas zusammen unternehmen. Als wir unsere Tochter fragten, was sie sich wünschte, schlug sie einen Fahrradausflug vor. Gute Idee, fanden wir, packten ein paar Sachen zusammen und fuhren an die Elbe. Es war ein schöner Ausflug. Wir machten ein Picknick, wir redeten, spielten ein bisschen am Strand. Wir kauften ein Eis, wir trafen zufällig eine andere Familie und unterhielten uns, während die Kinder spielten. Von außen betrachtet war es ein perfekter Familienausflug. Trotzdem merkte ich, wie meine Energie schwand. Mit jeder halben Stunde, mit jeder weiteren Aktion leerte sich mein Akku ein Stück weit, während mein Mann und meine Tochter spürbar auftankten. Dieser Nachmittag war ein typisches Beispiel dafür, wie manche Menschen aus einer Sache Energie ziehen, während andere bei der gleichen Sache Energie verlieren. Ich habe Jahre gebraucht, um diesen Umstand zu akzeptieren, mich nicht dafür zu schämen und auch nicht jedes Mal von Neuem zu rechtfertigen. Trotzdem ist es schwer. Die ganze Familie ist glücklich, es ist ein sonniger Sonntag, ein wunderschöner Familienausflug – und gerade, wenn die Familie findet, dass alles ziemlich perfekt ist, musst du leider sagen, dass du jetzt nicht mehr kannst. Es ist leicht, sich davon frustrieren zu lassen, auf allen Seiten. Aber so war es dieses Mal nicht. Es war in Ordnung, wir würden zusammen zurückfahren, und zu Hause würde ich ein bisschen allein in meinem Zimmer lesen. So weit der Plan. Auf der Rückfahrt fiel das Kind hin, nichts Schlimmes, nur das übliche Trösten und Verarzten. Ich kramte nach Pflastern, wir pusteten gemeinsam. Meine Energiepegel sank noch ein bisschen weiter. Jetzt aber wirklich nach Hause. Ein großer Berg lag noch vor uns. Den schaffe ich auch noch, dachte ich. Dann sprang die Kette meines Fahrrads ab. Mein Mann versuchte, sie wieder aufzuziehen, die Laune des Kindes sank, meine auch. Der Energietank war nun vollkommen leer. Meine Gedanken formten sich zu einem nicht abreißenden Mantra: Ich will nach Hause, ich will nach Hause, ich will nach Hause. Mein Mann gab sich alle Mühe, aber ich konnte nicht mehr. Alles dauerte mir viel zu lang. Irgendwann sagte ich: «Ich schließe das jetzt hier an und gehe nach Hause.» Für meinen Mann eine vollkommen absurde Idee. «Warum machen wir es nicht jetzt?», fragte er. «Dann können wir alle zusammen nach Hause fahren.» Er ist ein großer Fan davon, die Dinge gleich zu erledigen, egal wer gerade noch welchen Energiepegel hat. Aus seiner Perspektive ist das verständlich. «Ich kann nicht mehr, ich werde morgen allein zurückkommen und es reparieren», antwortete ich. Mein Mann verstand das nicht. «Was ist denn morgen anders als gestern?» «Morgen habe ich wieder Energie, für heute ist sie erschöpft», antwortete ich. Und dann ging ich. Aus Selbstfürsorge – aber auch weil ich wusste, dass ich gleich jemanden anschreien würde, wenn die Sache noch länger dauern würde. Und das hatte keiner verdient. Mein Mann und meine Tochter radelten allein zurück; tatsächlich stoppten sie noch an einem Spielplatz und besuchten spontan ein kleines Straßenfest, als ich schon längst zu Hause im Bett lag und in Ruhe ein Buch las. Am Abend, als wir zusammen am Abendbrottisch saßen, war wieder alles okay. Das war ein Beispiel für einen typischen Familientag bei uns – und auch für die unterschiedlichen Bedürfnisse extrovertierter und introvertierter Menschen.

Die unterschiedlichsten Eltern der Welt

In den extrovertiertesten Menschen, den ich jemals traf, habe ich mich Hals über Kopf verliebt. Über zehn Jahre lang waren wir zusammen, ohne dass mir seine mir so gegenteilige Wesensart jemals etwas ausgemacht hat. Extrovertierte Menschen können eine wunderbare Erfahrung für introvertierte sein. Sie haben etwas Positives, Inspirierendes, Spontanes und Lebenslustiges.

Introvertierte können sich von ihnen mitreißen lassen, über den Tellerrand und vielleicht sogar ein bisschen weiter. Solange wir Introvertierte nicht erschöpft sind und mit unseren Ressourcen haushalten müssen, genießen wir die Anwesenheit extrovertierter Menschen sehr.

Der Vater meiner Tochter liebt Partys. Er mag es, sich nach einem langen Arbeitstag mit einem Freund in eine übervolle Kneipe zu stellen und dort inmitten von Rauchschwaden, lauten Gesprächen und Bierseligkeit stundenlang zu … zu … – was weiß ich, was sie da machen, ich bin nie dabei. Er geht auf Konzerte, stürzt sich in die Menge, freut sich über spontane Bekanntschaften, feiert mit Fremden.

Wenn ich auf eine Party gehe, ist es, als ob mein Gesichtsausdruck zwischen lachenden Menschen, schlechter Musik und nichtssagenden Gesprächen einfach verschwindet. Zurück bleibt eine ausdruckslose, angestrengte, ängstliche Maske. Die Leute fragen: «Warum guckst du denn so traurig?», oder sie fordern: «Lach doch mal.» Und dann lache ich künstlich und schaue verlegen zur Seite und fühle mich dadurch erst richtig schlecht. Wenn ich Glück habe, schaffe ich es, mich auf die Toilette zu verdrücken. Der einzige Ort, an dem man auf Partys allein sein kann und vielleicht sogar seinen normalen Gesichtsausdruck wiederfindet. Draußen vor der Tür höre ich dann all die anderen, die lachen und schreien und tanzen und niemals auf die Idee kommen würden, dass da jemand ängstlich hinter der Tür steht. Mein Mann ist einer von denen, die ich durch diese Tür höre.

Wenn ich einen Konzertsaal betrete, frage ich mich als Erstes, was passiert, falls ich auf Toilette muss. Wenn ich in eine volle Kneipe komme, spüre ich die warmen Körper, an denen ich mich vorbeidrücken muss, ich höre das Klirren von Gläsern, sehe Gesichter mit Geschichten darin und kann meine Ohren nicht vor dem Gespräch am Nachbartisch verschließen. Alle meine Sinne werden beansprucht, jedes kleinste Detail zerrt an ihnen, will Aufmerksamkeit und bekommt sie, ohne dass ich mich dagegen wehren kann. Der Vater meines Kindes hatte lange keine Ahnung von diesen Überlegungen, Gefühlsbädern, Ängsten. Das ist nicht seine Schuld. Ich habe öfter versucht, es ihm zu erklären. Manchmal verstand er es ein bisschen, oft sagte er, ich solle mich nicht so anstellen. Aber irgendwie funktionierte es mit uns. Jeder machte sein Ding und ließ dem anderen seine Freiheiten. Dann kam unsere Tochter – und plötzlich konnte eben nicht mehr jeder sein Ding machen.

Interessanterweise bekamen die Eigenschaften, die wir vorher aneinander geschätzt hatten, im Erziehungskontext eine völlig neue Bedeutung. Bevor das Kind auf die Welt gekommen ist, habe ich das Spontane, das Mutige, das Visionäre dieses Mannes interessant gefunden. Er hatte bei mir das Überlegte, Analytische, Ruhige gemocht. Als dann das Kind da war, wurden diese gegensätzlichen Eigenschaften zum Problem. Wir hatten plötzlich zu allem, was die Erziehung betraf, unterschiedliche Meinungen. Das hat natürlich nicht einzig und allein mit unseren unterschiedlichen Persönlichkeitsmerkmalen zu tun, trotzdem war unsere Herangehensweise in unterschiedlichen Situationen oft geprägt von meiner introvertierten und seiner extrovertierten Art. Es fing schon kurz nach der Geburt an: Mein Mann wollte voller Stolz seine ganze Familie einladen, um das Neugeborene zu zeigen. Ich sehnte mich nach Ruhe für mich und das Kind im Wochenbett. Er wollte mit dem Kind zusammen im ersten Jahr die Welt bereisen. Ich wollte lieber zu Hause zu einer Familie zusammenwachsen. Er lenkte ein quengelndes Baby mit lauter Musik ab, ich war der Meinung, dass es besser wäre, im Tragetuch einen Spaziergang zu machen. Ich könnte diese Liste ewig lang fortführen. Der Laute und die Leise. Und dazwischen unser Kind, für das jeden Tag neue Entscheidungen getroffen, Lösungen gesucht werden müssen. Es war nicht einfach.

Zufälligerweise interviewte ich vor ein paar Jahren die systemische Therapeutin Katharina Kienscherf. Es ging darum, dass Elternpaare oft erst nach der Geburt merkten, wie unterschiedlich sie geprägt worden sind, und erst, wenn es ans Erziehen geht, wie unterschiedlich sie erzogen worden sind. Ich beschrieb diese früheren Prägungen damals als eine Art unsichtbaren Rucksack, den wir unser Leben lang schon mit uns mitgeschleppt hatten. Und den wir nun, wo das Kind da war, bemerkten. Weil wir ihn jetzt auspackten und all die Dinge, von denen wir annehmen, dass sie richtig sein müssen, weil sie uns geprägt haben, an unser Kind weitergeben wollen. Ich liebe Interviews mit Psychologen und Therapeuten, weil sie mir immer auch die Möglichkeit geben, Dinge, die mich selbst beschäftigen, kurz spiegeln zu lassen. Die Therapeutin nahm meine Idee des Erziehungsrucksacks auf und spann sie weiter. Diesen Rucksack, erklärte sie mir, könne man nicht verändern und auch nie ganz abstreifen. Weder bei sich selbst noch beim Partner. Was man aber tun könne, sei, die positiven Anteile beider Rucksäcke wertzuschätzen. Und, noch wichtiger, sich bewusst zu machen, dass man gerade selbst schon wieder einen neuen Rucksack packe: den des eigenen Kindes. Und wäre es nicht eine große Bereicherung, wenn dieses Kind in seinem Rucksack verschiedene, völlig unterschiedliche Lebensanschauungen und Lösungswege hätte? Der Gedanke setzte sich in mir fest. Wäre es nicht genial, wenn unsere Tochter sich nicht hin- und hergerissen zwischen dem lauten und dem leisen Pol fühlen würde, sondern stattdessen auf die positiven Eigenschaften beider unserer so unterschiedlichen Charaktere zurückgreifen könnte?

Blicken wir noch mal zurück auf die wissenschaftlichen Erkenntnisse zum Thema introvertierte und extrovertierte Charaktere im Tierreich, die ich am Anfang des Buches geschildert habe. Forscher hatten festgestellt, dass es für gemeinschaftlich lebende Tiere ein großer Vorteil sein kann, wenn die Herde über Spezies mit verschiedenen Charaktereigenschaften verfügt. Nur durch die Mischung von Vorsicht und Wagemut überleben zum Beispiel manche Fischpopulationen im Meer. Von diesem Standpunkt aus gesehen kann auch die Kombination so grundverschiedener Charaktereigenschaften wie unserer eine tolle Mischung für ein Kind sein. Wichtig dabei ist, dass das unterschiedliche Elternpaar eben nicht in den Kampf geht. Mir hat dabei der Gedanke geholfen, dass der Vater meines Kindes unsere Tochter genauso wahnsinnig liebt, wie ich es tue, dass er nur das Beste für unser Kind will und er seinen eigenen Weg hat, dieses Beste zu geben. Und dass das gemeinsam mit meinem Besten eine großartige Mischung, ein wunderbares Geschenk sein kann.

Vielleicht hilft es, an dieser Stelle noch mal einen Blick in den ersten Teil des Buches zu werfen: Wir versuchen, so liebevoll und großzügig zu sein in der Beurteilung unserer Kinder und deren Besonderheiten. Warum sollen wir damit aufhören, sobald jemand erwachsen ist? Schenken wir dem anderen doch lieber die gleiche Anerkennung, den gleichen liebenden Blick wie unseren Kindern. Wir haben es ebenso verdient.

Aber nicht nur als Eltern, auch als Paar waren wir vor Probleme gestellt. Plötzlich waren alle meine Energien gebunden, um mich um unser Kind zu kümmern. Lag es abends endlich im Bett, waren meine Akkus leer. Eine Situation, die viele Eltern kennen. Mein natürlicher Instinkt: Ich ging selbst ins Bett, wollte alleine sein, um sie wieder aufzuladen. Am nächsten Tag würde es schließlich weitergehen. Für meinen Mann, der dann allein auf dem Sofa saß und meine Gesellschaft gebraucht hätte, um ebenfalls aufzuladen, war das natürlich blöd. Das ist ein Dilemma, dem viele Paare begegnen, auch wenn sie weniger gegensätzlich funktionieren. Aber als Introvertierte mit einem sehr begrenzten Level an Energie kam es mir abends schon fast bedrohlich vor, wenn mein Mann fragte, ob wir noch ein Glas Wein trinken, sobald das Kind im Bett wäre. Er kam mir vor wie ein Vampir, der mir das letzte Stückchen kostbare Energie rauben wollte. Ich flüchtete mich fast vor ihm in mein Bett. Dass er mit mir gemeinsam seine Energien aufladen wollte, ich das aber nur in Einsamkeit konnte, war eine Sache, die ich erst ziemlich langwierig erklären musste. Das war nicht einfach. Die Leute reagieren verständlicherweise etwas verschnupft, wenn man ihnen sagt, dass man weniger Zeit mit ihnen verbringen will. In regelmäßigen Abständen musste ich es immer wieder erklären. An guten Tagen verstand er mich. Manchmal war er aber auch enttäuscht. Oft fügte er sich einfach dem Schicksal. Die Paarbeziehung zwischen introvertierten und extrovertierten Menschen ist wahrscheinlich ähnlich komplex wie zwischen stillen Eltern und extrovertiertem Kind. Man könnte eigene Bücher darüber schreiben. Was aber kurzfristig vielleicht helfen kann, um sich als introvertierter Elternteil wenigstens zu erklären, könnte die «Gebrauchsanweisung» sein, die ich für extrovertierte Erwachsene erstellt habe.

Gebrauchsanweisung für introvertierte Partner

Hier möchte ich in Kürze aufführen, was der extrovertierte Elternteil über seinen introvertierten Partner unbedingt wissen muss – falls man ihn nicht dazu bringen kann, das ganze Buch zu lesen.

- Extrovertierte gewinnen Energie durch das Zusammensein mit anderen Menschen und verlieren sie, wenn sie zu viel Zeit allein verbringen. Introvertierte funktionieren genau andersherum. Sie verlieren Energie, wenn sie Zeit mit Menschen verbringen, und gewinnen Energie, wenn sie allein sind.
- Grundlage eines guten Miteinanders ist es, das Bedürfnis nach Alleinsein zu akzeptieren – auch wenn man selbst anders funktioniert. Diesem Bedürfnis nachzugehen hat auch nichts damit zu tun, dass man die Menschen um sich herum weniger liebt.
- Bekommt der Introvertierte feste Rückzugsräume und Rückzugszeiten, profitieren davon langfristig alle um ihn herum. Solche Dinge sollten fester Bestandteil der Alltagsroutine sein.
- Es kann für Extrovertierte frustrierend sein, während dieser Zeit auf den anderen einfach nur zu warten. Außerdem setzt es den stillen Menschen unter Druck, möglichst schnell wieder zu «funktionieren». Eine bessere Idee ist es, in dieser Zeit tatsächlich auch etwas mit denjenigen Familienmitgliedern zu unternehmen, die Lust darauf haben.
- Stille Menschen kennen ihre Grenzen meist sehr gut. Man sollte diese Grenzen nicht zu oft und zu stark über-

strapazieren. Tut man es doch, kann sich das sowohl auf die psychische als auch die physische Gesundheit der stillen Menschen auswirken.

- Nicht immer kann man jederzeit das Bedürfnis stiller Menschen nach Ruhe in einer Familie erfüllen. Oft hilft es allerdings, wenn man signalisiert, dass man das Bedürfnis wahr- und ernst nimmt – und sich beizeiten darum kümmert, es zu erfüllen. («Ich merke, dass du gerade am Ende bist. Nachher brauchst du bestimmt ein bisschen Ruhe.»)

Die «Gebrauchsanweisung für Introvertierte» ist eine Minimalanforderung. Schön wäre es natürlich, wenn der eher extrovertierte Elternteil sich auch weiter mit dem Thema beschäftigt; vielleicht gelingt es sogar, jemanden mithilfe der Gebrauchsanweisung so für das Thema zu interessieren, dass er noch mehr von diesem Buch liest. Falls der Partner oder die Partnerin keine Lust hat zu lesen, empfehle ich den Podcast *Raabe und Kampf* der Schriftstellerin Melanie Raabe und ihrer Freundin und Designerin Laura Kampf. In Folge 19 ihres Podcasts erklären sie das Thema Introvertiertheit auf einfache und sympathische Weise.[37] Egal in welcher Form man es einem anders tickenden Partner vermitteln kann: Für ein langfristig gelingendes Familienleben ist es essenziell, dass Extrovertierte und Introvertierte einander verstehen und ihre Bedürfnisse beachten. Dazu gehört natürlich auch, dass die Introvertierten versuchen, den extrovertierten Partner nicht dazu zu zwingen, im ähnlichen Rhythmus zu leben wie sie selbst. Was meinem Mann immer wieder gutgetan hat, war die Erinnerung: Du bist nicht dazu verdammt, zu Hause zu bleiben und mit mir zusammen zu lesen. Geh raus und triff dich mit Menschen, unternimm, so viel du willst und brauchst. Und dann komm aufgeladen und voller Energie zurück zu mir.

Geschwisterkinder – Ein Mix aus laut und leise

Bisher waren in erster Linie die unterschiedliche Persönlichkeitsausprägung und die daraus folgenden Dynamiken für die Eltern-Kind- bzw. die Paarbeziehung Thema. Doch zur Kernfamilie gehören oft auch Geschwisterkinder. Was bedeutet es, wenn das eine extrovertiert und das andere introvertiert ist? Hier das Beispiel einer Freundin.

Sie hat elfjährige Zwillinge. Wenn die beiden nachmittags aus der Schule kommen, haben sie völlig unterschiedliche Arten, den Rest ihres Tages zu gestalten: Die erste verabredet sich gerne mit den Nachbarskindern. Gemeinsam stromert die kleine Clique dann durch das Wohngebiet und erlebt die ganz eigenen Abenteuer, die Mädchen in dem Alter erleben. Die zweite hingegen legt sich in den elterlichen Garten, am liebsten in die Hängematte, außerhalb von Hör- und Rufweite ihrer Eltern – und liest. Sie schaut in die Baumkrone, beobachtet die Vögel und verliert sich in ihrem Buch. Wenn die Mädchen später an den gemeinsamen Abendbrottisch zurückkehren, haben sich beide auf ganz verschiedene Weise erholt. Auf unterschiedlichen Wegen haben sie das gleiche Ziel erreicht: Ihre Akkus sind nach einem anstrengenden Schulalltag wieder aufgeladen. Die Kinder sind mittlerweile so groß, dass sie sich gut selbst um ihre Bedürfnisse kümmern können. Als sie kleiner waren, war die Sache nicht ganz so einfach, erzählt mir meine Freundin. Denn bei aller Rücksicht auf das stille Kind – das extrovertierte hat auch seine Bedürfnisse, die gesehen werden müssen. Es möchte ebenso wenig wie sein ruhiges Pendant ständig kritisiert und zurechtgewiesen werden aufgrund seines Temperaments. Meine Freundin erzählte mir, dass jedoch genau das früher oft passiert war: Die Eltern hatten eher dazu tendiert, die «Lautere» um Ruhe zu bitten, und seltener darauf hingewiesen, dass doch ruhig mal ein bisschen aufgedreht werden könne, damit auch das extrovertiertere Kind Spaß hat. Irgendwann beschlossen sie und ihr Mann, sich öfter aufzuteilen. Was ihnen dabei geholfen hat und ich hier weiterempfehlen will, ist ein Familienkalender, in den Aktivitäten eingetragen werden und mit dessen Hilfe geplant wird. Wer geht mit wem wohin und wer macht in der Zeit etwas anderes? Das eine Kind geht mit Mama auf das Straßenfest, das andere bleibt mit Papa zu Hause und schaut einen Film. Mithilfe eines solchen Familienkalenders kann man auch nachvollziehen, ob und wie gut laute und leise Events austariert sind, indem man die eher stillen Unternehmungen zum Beispiel in Blau, eher laute Unternehmungen in Rot kennzeichnet. So können alle Familienmitglieder und sogar ganz kleine Kinder auf einen Blick sehen, ob ihren Bedürfnissen genügend Raum gegeben wurde. In der Beurteilung der beiden Kategorien ist es allerdings schlau, die Kinder mitreden zu lassen. Man selbst würde sich den gemeinsamen Weihnachtsmarktbesuch vielleicht eher besinnlich vorstellen und blau markieren. Für ein hochgradig introvertiertes Kind ist die Kombination aus Gedränge, Gerüchen und Weihnachtschören eventuell doch eher tiefrot.

Auch bei Geschwisterkindern gilt also: Verständnis für die jeweils andere Ausprägung schaffen, mithilfe der Giraffensprache kommunizieren und versuchen, die Bedürfnisse aller im Blick zu behalten.

Noch mehr Tipps,
um Ressourcen zu sparen

Die gute Nachricht: Es gibt sehr viele Möglichkeiten, als introvertierte Mutter oder introvertierter Vater Zeit für sich zu gewinnen. Die schlechte: Man zahlt immer einen Preis dafür. Mal einen geringen, mal einen etwas höheren – und jeder muss individuell entscheiden, welchen Preis er gerne zahlt, was ihm vielleicht sogar leichtfällt, und welcher Preis ihm zu hoch ist. Manchmal, und das wird wohl vielen am schwersten fallen, zahlen diesen Preis auch andere Familienmitglieder.

Ich will diese Kompromisse als Energiequelle vorstellen. Man kann sie eingehen oder auch nicht. Manche Energiequellen kann man individuell anpassen, manche kann man sich eventuell noch nicht einmal vorstellen.

Ob und welche Kompromisse man eingeht, hängt von eigenen Moralvorstellungen ab, von gesellschaftlichen Prägungen und dem Anspruch an sich selbst.

Energiequelle 1 – Augen zu und delegieren

Gerade Mütter neigen dazu, in den ersten Jahren zu glauben, sie könnten alles – und zwar nur allein. Was dazu führt, dass sie es auch tatsächlich versuchen. Über kurz oder lang hat das den Effekt, dass sie komplett erschöpft werden. Und sie die Väter so lange davon abhalten, sich um das Kind zu kümmern, dass es, wenn der Vater dann mal alleine aufpasst, zur sich selbst erfüllenden Prophezeiung kommt: Es läuft immer irgendwie nicht so gut, wenn Papa mit dem Kleinen alleine ist.

Weil ich schon in der Schwangerschaft wusste, dass ich erstens nicht über die Ressourcen verfügen würde, mich jahrelang allein um mein Kind zu kümmern, und es zweitens aus feministischen Gründen auch nicht wollte, habe ich mich selbst ziemlich schnell von diesem Mama-kann-alles-und-macht-alles-Thron heruntergeholt. Oder sagen wir, ich bin gar nicht erst aufgestiegen. Das war nicht einfach. Hier half mir, mir immer wieder zu sagen, dass mein Mann das Kind genauso liebt wie ich. Und alles dafür tut, dass es überlebt. Alles andere wollte ich unter «Verschiedene Erziehungsstile sind gut für das Kind» abhaken. Diese kleine Denkbrücke hilft mir noch heute, und gilt natürlich auch für Väter, die an Großeltern abgeben und Mütter, die an Brüder abgeben. Es ist am Anfang schwierig, aber es wird immer leichter. Und es ist eine langfristige Investition in die eigenen Ressourcen.

Es gab Situationen, in denen es mir fast körperliche Schmerzen bereitet hat, mich nicht einzumischen. Zum Beispiel habe ich meinem Mann, der vorher nie zuvor ein Baby gewickelt hatte, extra nicht gezeigt, wie das geht. Sondern mich einfach diskret zurückgezogen, als die Hebamme es erklärte. Und dann jedes Mal, wenn ich das Gefühl hatte, er mache etwas falsch oder eben anders als ich, versuchte ich, den Mund zu halten. Selbst wenn er die Windel auf dem Babykopf befestigt hätte, ich hätte nichts dazu gesagt. Er wiederum belehrte mich sehr gerne, was das Baby anging – was ich nur mit ganz, ganz viel Humor ertragen konnte. Sehr zusammenreißen musste ich mich zum Beispiel an dem Tag, an dem er mir ernsthaft erklärte, wie man einem Baby eine Strumpfhose anzieht. «Schau mal, ich forme immer so eine Art Rollwurst, die kann man dann drüberstülpen.» Ich sah diesen Mann an, der das Game «Strumpfhosenanziehen» erst vor wenigen Wochen gelernt hatte. Ich nickte tapfer grinsend und erwähnte nicht, dass ich selbst seit dreißig Jahren Strumpfhosen trage und mir die Rolltechnik durchaus bekannt ist.

Ein Wort, das in den letzten Jahren in diesem Zusammenhang durch diverse Elternblogs geisterte, war das schöne Wort *Ambiguitätstoleranz*. Es beschreibt die Fähigkeit, andere Sichtweisen, Widersprüche oder Mehrdeutigkeiten auszuhalten, ohne aggressiv zu werden. Auf die Familie angewandt könnte das zum Beispiel bedeuten, dass die Mutter dem Kind morgens einen Keks gibt, weil es gerade schnell gehen muss – und der Vater, der sehr auf gesunde Ernährung achtet und eigentlich findet, dass nur Asoziale ihren Kindern Zucker geben, diesen Keks aushält, ohne eine lange Diskussion anzukurbeln.

Leider reicht die Tatsache, nun den Fachbegriff für diese Fähigkeit zu kennen, nicht aus, um sie sofort in seinen Alltag einbauen zu können. Was aber helfen kann, ist folgender Gedanke: Wie schlimm ist dieser Keks zum Frühstück, wenn ich morgen daran zurückdenken werde? Und wie wichtig ist dieser eine Keks, wenn ich in einer Woche noch einmal daran denke? Und in einem Monat?

Durch diesen Trick kann man selbst ziemlich einfach und schnell überprüfen: Ist es mir wirklich so wichtig, dass es genau so läuft, wie ich mir das vorgestellt habe? Oder ist es eigentlich vielleicht gar nicht so schlimm, wie es sich in dem Moment gerade anfühlt?

Falls man nicht der allerkrasseste Ernährungsfanatiker ist, wird man ziemlich schnell darauf kommen, dass der eine Keks eigentlich ziemlich egal ist.

In einem Satz zusammengefasst lautet der erste Kompromiss, um Zeit für sich zu gewinnen, also: arbeiten und Verantwortlichkeiten abgeben lernen, auch wenn man denkt, dass man es selbst am besten könnte. So simpel, so schwer.

Energiequelle 2 – Auch mal was verpassen

Das ist die vielleicht schwierigste Herausforderung introvertierter Elternteile, die versuchen, Zeit für sich selbst zu haben: schöne und geplante Familienereignisse sausen zu lassen. Geburtstage von Großeltern, Jubiläen von Geschwistern, Besuchswochenenden bei den Cousinen in einer anderen Stadt oder auch nur Feiertage wie Ostern – die Sehnsucht nach dem Alleinsein muss schon sehr groß sein, um vor der Familie seine Nichtteilnahme zu verteidigen und durchzusetzen. Ich verstehe vollkommen, wenn Menschen schon beim Lesen dieser Zeilen leichte Ablehnung verspü-

ren. Denn diese Energiequelle für sich in Anspruch zu nehmen ist wirklich etwas für Fortgeschrittene: Wer sich beispielsweise dazu entschließt, das Osterfest alleine zu Hause
zu verbringen, entscheidet sich nämlich auch dafür, auf den
Anblick der glänzenden Kinderaugen bei der Eiersuche und
damit auf schöne gemeinsame Erinnerungen zu verzichten.

Ich habe irgendwann beschlossen, nicht mehr mit in den
Skiurlaub zu fahren. Dass meine Tochter Ski fahren kann,
weiß ich nur aus Handyvideos. Ich war nicht dabei, als sie es
gelernt hat. Und auch nicht bei der nachfolgenden Schnee-
ballschlacht. Oder als sie den ersten Germknödel ihres Lebens gegessen hat. Man verpasst schöne Momente, eventuell
sogar die, die später mal ins Familienalbum geklebt werden,
die Weißt-du-noch-Momente, die eigentlich der Kitt aller
Beziehungen sind. Das ist durchaus hart.

Eine weitere Hürde stellt die Tatsache dar, dass man diese
Entscheidung nicht nur treffen, sondern eben auch seiner
Familie mitteilen und ihr gegenüber verteidigen muss. Ich
habe die Erfahrung gemacht, dass es oft leichter ist als befürchtet. Familienereignisse strahlen oft eine solche Faszination auf die Kinder aus, dass das Ereignis beinahe wichtiger
ist als die Frage, wer eigentlich dabei ist. Wenn meine Tochter
sich beispielsweise mit ihrem Vater, ihren Tanten und ihren
Cousinen zum Skifahren trifft, bin ich sowieso abgeschminkt
und vergessen. Diese Erkenntnis kann man beleidigt aufneh-
men – oder sich darüber freuen, dass das Kind so gut betreut
und eingebunden ist, dass es auf die Mutter verzichten kann.

Mir persönlich fiel es am Anfang tatsächlich am schwersten, solche Entscheidungen vor der weiteren Familie zu
rechtfertigen. Ich hatte Angst, als Rabenmutter abgestempelt

zu werden – und vielleicht werde ich das sogar immer mal wieder. Hier hilft wohl nichts anderes, als sich ein dickeres Fell zuzulegen.

Ich kann jedenfalls aus Erfahrung sagen: Wer die Ruhe so dringend benötigt wie ich, dessen Leidensdruck wird irgendwann groß genug sein, um selbst solche Hürden zu nehmen. Ich brauche und gönne mir diese großen Pausen aus genau dem gleichen Grund, wie ich mir die kleinen Pausen gönne. Nur dadurch kann ich auf Dauer und weiterhin eine gute Mutter sein. Ich verpasse sehr bewusst einen Teil unseres Familienlebens. Ich bin in manchen wirklich schönen Momenten nicht bei meiner Tochter. Weil ich die Zeit brauche, um bei mir zu sein. Ich kann, habe ich festgestellt, sehr gut damit leben, dass andere Spaß haben, während ich nicht dabei bin. Vor einigen Jahren bin ich auf den passenden Ausdruck für diese Tatsache gestoßen – er lautet: JOMO. Es ist die Kurzform für «Joy of Missing Out», also den Spaß daran, etwas zu verpassen. Es bildet das nicht ganz so ernst gemeinte Pendant zu FOMO, «Fear of Missing Out» – der Angst, etwas zu verpassen. Ich kann mich jedenfalls mit JOMO ganz wunderbar identifizieren. Der extrovertierte Vater meines Kindes hingegen überhaupt nicht: Manchmal, wenn ich denke, dass ich ihm eigentlich einen Gefallen tue und mir das Kind schnappe, damit er mal seine Ruhe hat, fragt er mich im Nachhinein, was wir gemacht haben – und wenn sich das, was ich dann erzähle, nach Spaß anhört, findet er es oft schade, nicht dabei gewesen zu sein – und ist fast ein bisschen beleidigt, dass wir so etwas Schönes ohne ihn gemacht haben.

Ob wir eher Team JOMO und Team FOMO sind, hat auch etwas mit unseren Charaktereigenschaften zu tun. Dieses

Beispiel zeigt noch einmal, wie wichtig es ist, dass extrovertierte und introvertierte Eltern gut und klar miteinander über ihre Bedürfnisse kommunizieren: Was der eine als Gefallen empfindet, empfindet der andere eventuell als Ausgrenzung.

Energiequelle 3 – Ganz viel weglassen

Hier geht es darum, auszuhalten, dass Dinge nicht ganz so ablaufen, wie man sie sich in einer perfekten Familie vielleicht wünschen würde. Wenn wir ehrlich sind, ist das eigentlich nichts Neues für uns. Viele hatten sich das Kinderkriegen doch irgendwie ein bisschen anders vorgestellt und waren dann überrascht, wie krass die Schwangerschaftsübelkeit, wie stark die Müdigkeit, wie anstrengend manche Tage mit dem Baby sein konnten. Der Trick dabei ist nun, großzügig auf diese großen und kleinen Abweichungen zu schauen – und den Anspruch bewusst herunterzuschrauben. Die Dinge sind jeden Tag anders, die Energie unserer Kinder variiert, genauso wie unsere eigene. Man hatte sich zum Beispiel vorgenommen, mit dem Kindergartenkind nachmittags in aller Ruhe die Einladungskarten für den Geburtstag zu basteln. Aber irgendwie war der Tag so anstrengend, die Energien sind so gut wie aufgebraucht – ein guter Zeitpunkt, um zu überlegen: Können wir die Sache noch aufschieben und uns einfach gemeinsam eine Runde vor den Fernseher setzen?

Wenn ich hier über das Aushalten von Imperfektion schreibe, meine ich nicht das, was in den letzten Jahren unter dem Stichwort «Mental Load» verhandelt wurde. Also all das, was – leider oft immer noch Frauen – so alles auf dem Zettel haben rund um Haushalt und Familie. Wer sich über Mental Load informieren will, der lese Bücher wie *Die Frau fürs Leben ist nicht das Mädchen für alles* von Laura Fröhlich.[38] Mir geht es um etwas anderes. Denn so genial und wichtig ich Bücher wie dieses finde, ist es nicht unbedingt die auszuräumende Spülmaschine oder das noch zu besorgende Geburtstagsgeschenk, das introvertierte Elternteile belastet. Sosehr ich auch dafür kämpfe, dass Care-Arbeit zwischen mir und dem Vater einigermaßen fair aufgeteilt wird, muss ich zugeben, dass ich es durchaus genießen kann, zwei Stunden lang ganz in Ruhe und allein die Küche zu putzen – solange mich nebenbei keiner nervt. Es geht bei dieser Energiequelle also weniger darum, dass man sich die Hausarbeit spart, um das Stresslevel herunterzufahren, sondern darum, dass man seinen Erziehungsansprüchen ab und zu nicht gerecht wird und das aushält, ohne sich schlecht zu fühlen. Also gemeinsam fernzusehen statt zu basteln, Fertigpizza zu essen statt Selbstgekochtes.

Ich weiß noch, wie ich auf einem Kindergartenfest beim Smalltalk mit einer anderen Mutter fragte: «Und, welcher Kuchen hier auf dem Buffet ist von dir?» Sie lachte mich an und antwortete: «Keiner. Ich habe zwei Kinder und einen Beruf. Ich mache so was einfach nicht.» Sie hatte abgewogen, priorisiert – und dann entschieden, dass Kuchenbacken für sie einfach nicht mehr zu bewerkstelligen war. Darüber hinaus hatte sie auch den Mut, das ganz selbstbewusst zu sagen. Seitdem backe ich nur noch Kindergartenkuchen, wenn ich wirklich Lust dazu habe. Ansonsten kaufe ich etwas. Und manchmal … bringe ich einfach gar nichts mit. Und – oh Wunder! – das hat noch nie jemand bemerkt. Auch nicht mein Kind.

Seitdem stelle ich mir gerne die Frage: Was sind die Minimalanforderungen, damit die Bude nicht zusammenbricht? Was ist mir wirklich wichtig, und wann habe ich das Gefühl, es schleichen sich zu viele Ausnahmen ein? Es gibt Tage, da mache ich einfach gar nichts. Und die Welt dreht sich trotzdem weiter. Am nächsten Tag kann ich dann immer noch entscheiden, was ich nachholen will. Oder was ich einfach mal mehr oder weniger dezent unter den Tisch fallen lasse.

Zu dem Thema gehört übrigens auch, dass ich mich nicht in den Reigen perfekt angezogener und hellwacher Eltern einreihe, die morgens ihre Kinder im Kindergarten abgeben und dabei aussehen, als würden sie gleich noch ein Fotoshooting haben. Ich gebe zu, in meiner perfekten Version von Familie würde ich auch so aussehen. Lachend, wach und gut aussehend würde ich mit den anderen Eltern vor dem Kindergarten stehen und noch einen kleinen Plausch halten.

Die Realität sieht anders aus. Ich bin fast immer die, die ungeschminkt und zerzaust als Letzte kommt. Das Kind und ich manchmal noch im Schlafanzug. Ich bin fest davon überzeugt, wenn zwei Mütter aus dem Kindergarten über mich reden und die eine nicht weiß, wer ich bin, dass die andere erklärt: «Die, die immer so fertig aussieht.»

Who cares?

Energiequelle 4 – Nicht immer alles geben

Die folgende Herangehensweise entstammt ebenfalls dem *Familienkompass* von Nora Imlau: Seine eigenen Kraftreserven als einen Krug anzusehen. Und sich im Laufe der Woche oder des Tages immer wieder zu fragen, wie voll dieser Krug noch ist. Hier lautet eine wichtige Regel: Gib nicht immer und jeden Tag alles. Die eigene Energie ist eine begrenzte Ressource. Und richtig schwierig wird es, wenn am Ende vom Tag keine Energie mehr übrig ist, aber noch immer nicht alle Kinder im Bett, alle Haushaltsangelegenheiten geregelt und alle Absprachen getroffen, kurz: die Minimalanforderungen noch nicht erfüllt sind. Dann klappt man entweder zusammen oder alle Beteiligten erleben einen Wutausbruch. Es ist also ratsam, Energie so einzuteilen, dass am Ende noch ein bisschen übrig ist. Was natürlich nicht immer für Verständnis sorgt. Ich erinnere mich an vergangenes Weihnachtsfest. Ich hatte mich gut auf diesen Tag vorbereitet. Wie in einem Bootcamp hatte ich mir vorher Auszeiten genommen, stundenlang Zeitung gelesen, Ohrenstöpsel reingesteckt und meine Kommunikation auf ein Minimum runtergefahren. Denn Weihnachten mit der Familie, das ist für Introvertierte der Endgegner. Aber ich war gut vorbereitet, mein Energiekrug bis oben hin voll. Ich verbrachte den ganzen Tag mit der Familie. Gemeinsames Weihnachtsfrühstück, gemeinsames Couchrumlungern, gemeinsamer Spaziergang, gemeinsames Kochen, gemeinsames Geschenkeauspacken, gemeinsames Singen. Um acht Uhr abends merkte ich, wie die Energien schwanden. Dezent fragte ich meine Tochter, ob sie denn nicht langsam mal müde wäre und ins Bett gehen wolle. War sie natürlich nicht, sondern sprang mit Reiterhelm und Tutu über das Sofa und sang weiter Weihnachtslieder. Mein Mann war empört. «Wie kann das sein,» fragte er, «dass du das Ganze jetzt abbrechen willst?» Es sei doch Weihnachten und gerade so richtig schön. Warum könne man denn jetzt nicht weiter hier sitzen und einen schönen Abend haben? Ich verstand ihn gut. Und auch seine Frustration. Denn im Gegensatz zu mir lud er gerade seine Batterien so richtig schön auf: Zeit mit der Familie, gemeinsam Dinge tun, feiern, er war als Extrovertierter ganz in seinem Element. Und nun wollte ich ihn quasi schon wieder vom Strom nehmen.

Ich wiederum hatte das Gefühl, an diesem Tag schon unglaublich viel gegeben zu haben, und empfand es als ungerecht, dass nun nörgelnd noch mehr von mir verlangt wurde. Ich wusste außerdem: Ein kleines, aufgeputschtes Kind ins Bett zu bringen würde heute ebenfalls noch Energie kosten – und dann würde ich irgendwann mit null Prozent einfach neben das schlafende Kind sinken. Ich hielt dennoch durch, bis das Kind schlief. Und in Ausnahmefällen wie Weihnachten ist das auch okay. Wenn an diesem Abend allerdings noch etwas Unvorhergesehenes passiert wäre, das Kind zum Beispiel vom Sofa gefallen wäre und in die Notaufnahme gemusst hätte, weiß ich nicht, wie ich das noch hätte schaffen sollen.

Auch wenn unser Instinkt als Eltern uns oft sagt, dass wir alles bis zum letzten Hemd geben sollten, ist es strategisch klüger, das nicht zu tun. Gerade als introvertierter Elternteil sollten Sie immer ein bisschen Notfallenergie aufbewahren, frühzeitig die Reißleine ziehen und nicht jeden Abend aus dem letzten Loch pfeifen – auch wenn da ein kleines Engelchen auf der Schulter sitzt, das einem einredet: «Na ja, ein kleines bisschen könnte ich noch…» Dieses Engelchen ist in Wirklichkeit ein Teufelchen. Es zu erkennen und zum Schweigen zu bringen, hat ebenfalls mit Selbstfürsorge zu tun.

Was ich an der Zeit allein so liebe

Manchmal fällt es mir schwer, zu erklären, was ich an der Zeit ohne meine Familie so schätze. Vor allem, wenn ich es Leuten erklären muss, für die es «die wunderbarste Sache der Welt ist, Zeit mit seinen Kindern verbringen zu dürfen». Vor einiger Zeit schrieb ich in der *Brigitte*[39] einen Text über meine freien Wochenenden. «Dann tanze ich durch die leeren Räume», beschrieb ich darin das Gefühl, endlich allein zu sein. Und weiter, wie ich «singe und genieße, dass kein Echo kommt». Es war ein Dossier mit Texten verschiedener Autorinnen, die unter dem Titel *Platz für mich* erschienen. Interessanterweise bekam ich jede Menge Leserpost von Frauen, die mein Gefühl sehr genau nachempfinden können.

Trotz aller Hindernisse, trotz Kritik und manchmal schlechtem Gewissen haben wir in unserer Familie feste Wochenenden etabliert, an denen Vater und Tochter Ausflüge machen und ich allein zu Hause bleiben darf. (Im Gegenzug bekommt mein Mann natürlich ebenfalls freie Wochenenden, die er allerdings etwas anders verbringt als ich.) Das Wichtigste an diesen Wochenenden ist für mich, einfach nur *zu sein*. Ohne dabei gestört zu werden. Es ist fast egal, was ich mache, wichtig ist mir, dass ich mit niemandem reden muss, keine Reaktion aus meinem Umfeld bekomme – und dass ich selbst nicht reagieren muss. Nicht erklären muss, warum wir jetzt wie lange irgendwas machen, niemanden anleiten muss, niemandem helfen muss, niemanden trösten oder einfach unterhalten. Es ist eine Art Flow-Zustand, in dem ich einfach nur bei mir und meinen unmittelbaren Bedürfnissen bin.

Ob ich dann Bücher lese oder stundenlang den Kleiderschrank ausräume, ist fast nebensächlich. Trotzdem sollte es schon etwas sein, was mir im Grunde guttut. Ich sage es nur ungern, aber Sport, Natur und gesunde Ernährung einzubauen, ist eine gute Idee.

Was fange ich an mit all der Zeit nur für mich?

Ich bin mir ziemlich sicher, dass kein erwachsener Introvertierter Vorschläge braucht, was er alles ohne Kinder und Partner tun könnte. Trotzdem möchte ich hier meine Routine für solche Wochenenden teilen. Dabei soll der Fokus nicht so sehr auf dem liegen, was ich in dieser freien Zeit mache, sondern warum.

Auf Instagram wird Zeit ohne Familie, Freunde oder anderes soziales Miteinander gerne als sogenannte Me-Time betitelt. Auf den dazugehörigen Bildern sieht man dann meist ziemlich viele Kerzen auf Couchtischen und Badewannenrändern.

Meine Me-Time sieht ein bisschen anders aus – und interessanterweise teilt sie sich immer in zwei verschiedene

Phasen auf, deren Länge je nach meiner Verfassung variabel ist. Die beiden Phasen lassen sich durch zwei einfache Fragen definieren. Die erste lautet: Worauf habe ich jetzt Lust? Die zweite lautet: Was täte mir jetzt gut? Nur auf den ersten Blick scheint es so, als sei das immer deckungsgleich. Denn Dinge, auf die ich Lust habe, sind zum Beispiel Serien schauen und Chips essen. Dinge, die mir guttun, wären eher so etwas wie einen Spaziergang machen oder ein Buch lesen. Dinge, die einem guttun, erkennt man oft daran, dass man erst einmal eine kleine Hürde nehmen muss, damit man sich nachher gut fühlt. Bei mir ist das zum Beispiel Joggen. Oder aber auch das Badezimmer putzen. Auf den zweiten Teller Nudeln habe ich zwar Lust, er täte mir aber nicht wirklich gut. Das Prinzip sollte so weit klar sein. Wer mehr Inspiration zu dem Thema sucht, dem empfehle ich an dieser Stelle das Buch *Chips im Bett und Yoga im Park* von Alissa Levy.[40]

Meine freien Wochenenden gliedern sich ganz automatisch in diese zwei Phasen. Ich muss nichts dafür tun, aber die Tatsache, dass ich es weiß, nimmt mir das schlechte Gewissen, das eventuell in einigen speziellen Situationen dieses Wochenendes aufkommen könnte. (Wenn mir zum Beispiel bewusst wird, dass ich seit vier Stunden in einem Bett voller Chipskrümel liege.) Damit kommen wir direkt zur ersten Phase, in der ich alles tue, worauf ich Lust habe. In meinem Fall bedeutet das, dass ich mir ziemlich viele Zeitungen kaufe und ziemlich viele Snacks. Dann lege ich mich mit all diesen Sachen in mein Bett und verlasse es circa 24 Stunden lang nicht mehr. Die Packungen der leeren Snacks lasse ich einfach zu Boden gleiten, ich bade in Zeitungsseiten und schlafe zwischendurch immer wieder ein. Ich lasse alles überall rumfliegen und kümmere mich um nichts, einfach, als wäre ich ganz allein auf der Welt.

Nach dieser ersten Nacht zwischen Zeitungsseiten und Chipskrümeln wache ich auf. Dann beginnt oft schon die zweite Phase. Ich fange an aufzuräumen, gehe spazieren und mache ein bisschen Sport. Gerne kümmere ich mich auch um Dinge in der Wohnung, zu denen ich sonst nicht komme. Ja, ein dreckiges Badezimmer ist eine Hürde, aber wenn man sie genommen hat, ist man mit dem Ergebnis doch oft glücklich. Und auch diese Phase genieße ich sehr. Alle Türen offen zu lassen, in dem Wissen, dass trotzdem keiner reinkommt. Die zweite Phase ist wichtig, weil ja irgendwann meine Familie wiederkommt. Der Anspruch, den ich dann an mich selbst habe, ist, dann die beste und ausgeschlafenste und erholteste Version meiner selbst zu sein, die ich ihnen bieten kann. Meine Batterien sollten, sobald die Familie wieder diese Wohnung betritt, aufgeladen sein bis obenhin. Das ist für mich der Deal dafür, dass sie mir dieses freie Wochenende geschenkt haben. Aber der erste Teil ist auch wichtig. Er ist dafür da, eben die Bedürfnisse zu befriedigen, die man sich normalerweise vor den Kindern nicht erlaubt.

Immer mal wieder denke ich in dieser Phase allerdings daran, dass Me-Time auf Instagram irgendwie anders aussieht – vor allem mit weniger leeren Chipstüten und mehr Teelichtern. Hier hilft mir, wenn ich mir klarmache: Das Tolle an Me-Time ist, dass sie für mich alleine gedacht ist. Es ist eine Zeit, in der man nichts tun muss, was für das Außen gedacht ist, auf niemanden wirken und nichts darstellen muss. Genau das ist doch das Erholsame.

Sicher gibt es Menschen, die sich dabei erholen, wenn sie Teelichter arrangieren, Bilder davon machen und sie ins Netz stellen. Auch okay. Auf mich aber trifft das nicht zu. Im Gegenteil: Wenn es zu sehr nach Instagram-Ästhetik aussieht, ist es für mich eben keine Me-Time. Denn die soll ja daraus bestehen, dass mich keiner sieht und beurteilt. Dass ich allein und unbeobachtet bin.

Wer übrigens gerne mehr Selbstfürsorge praktizieren würde, aber immer noch mit anderen Ansprüchen an sich hadert, dem empfehle ich *Radikale Selbstfürsorge. Jetzt* von Svenja Gräfen.[41] Ein politisches, feministisches Buch, das die Gedanken über Selbstfürsorge noch einmal auf ganz anderen Ebenen weiterspinnt. Gräfen beschreibt, wie man sich selbst und die eigenen Bedürfnisse kennenlernen kann, um individuell herauszufinden, was man eigentlich braucht. Auch für sie ist Selbstfürsorge übrigens die Basis, um sich später für andere einzusetzen und für sie kämpfen zu können. Tipps und Ratschläge in der Richtung, sich mal wieder ein bisschen Schokolade und ein Schaumbad zu gönnen, findet man darin jedenfalls eher weniger.

Unglaublich viele Kanäle auf Instagram leben schlichtweg davon, eine heile Familienwelt vorzugaukeln. Eine Welt, in der alle Familienmitglieder in winterlich einheitlichen Schlafanzügen glücklich und zufrieden unter dem Tannenbaum sitzen und kuscheln. Es gibt aber auch Kanäle, die sehr ehrlich mit den Herausforderungen der Elternschaft umgehen. Für introvertierte Eltern kann es ein Segen sein, auf diese Kanäle zu stoßen, auf denen andere stille Eltern von ihrem Alltag berichten. Die Instagramerin Josephine Bernstein betreibt mit ihrem Partner Olaf Bernstein zum

Beispiel den Kanal *Backpackbaby,* in dem es oft darum geht, wie sie als introvertierte Mutter den Alltag überlebt. Folgt man Menschen wie ihr, bekommt man weitere Profile vorgestellt, deren Besitzer ähnlich ticken. So taucht man meiner Erfahrung nach Stück für Stück immer tiefer in diese ehrliche Elternwelt, in der man sich nicht schlecht fühlen muss, wenn man gerade mit großer Erleichterung das Kind im Kindergarten abgegeben hat.

Luxusprobleme

Mir ist klar, dass ich mich mit meinen freien Wochenenden in einer sehr privilegierten Situation befinde. Es gibt mit Sicherheit Eltern, vor allem Alleinerziehende, deren Problem es nicht ist, dass sie sich überwinden müssen, ihr Kind abzugeben. Sondern dass sie einfach keine anderen Elternteile, Großeltern, Tanten, Freunde oder Babysitter haben, die für sie einspringen. Für solche introvertierten Eltern sind Wochenenden, wie ich sie verbringen darf, unerreichbarer Luxus, jedenfalls, solange die Kinder noch klein sind. Um sich ein bisschen besser durch den Alltag zu retten, kann es hier helfen, von Anfang an und sehr konsequent bestimmte Selbstverständlichkeiten zu etablieren. Kleine Pausen, an denen man sich festhalten kann. Also zum Beispiel: Immer wenn ich abends koche, ist die Küchentür zu, und das Kind hört ein Hörspiel in seinem Zimmer (zur Not bei kleineren Kindern auch mit Kopfhörern in der Küche). Meine Erfahrung mit solchen Regelungen ist: Am Anfang wird noch ein bisschen gemeckert, irgendwann gehören sie zum Alltag und werden auch vom Kind als selbstverständlich akzeptiert.

Wer am Ende dieses Kapitels immer noch mit sich und seinem Gewissen hadert, dem empfehle ich zur Entspannung das wunderbare Buch *Zu groß für die Babyklappe* der Autorin Marlene Hellene.[42] Selten habe ich eine Mutter auf so lustige, selbstironische, genervte und trotzdem liebevolle Weise über ihre Familie schreiben sehen. Hier geht es zwar nicht um introvertierte oder extrovertierte Familienmitglieder, aber Marlene Hellenes Texte sind entlastend für alle, die ab und zu mit dem eigenen Anspruch hadern.

Fremde Kinder, ihre Eltern – und ich

Immer mal wieder gibt es diese Interviews, in denen Prominente zu ihrer Kindheit befragt werden – und immer mal wieder hört man dann Sätze wie: «Bei meinen Eltern zu Hause stand die Tür immer offen.» Oder: «Bei uns gingen die Leute ein und aus, wir hatten dauernd Besuch, und es war immer etwas los.»

Hätte man mich vor der Schwangerschaft nach meiner Vorstellung von einer perfekten Familie gefragt; ich hätte sie wohl mit ähnlichen Worten beschrieben. Das ist natürlich seltsam, zum einen, weil ich mich und meine Bedürfnisse schon vorher kannte, und zum anderen, weil bei mir zu Hause auch vor der Geburt unserer Tochter die Leute nicht ein und aus gegangen sind. Wenn ich die rosarote Schwangerschaftsbrille mal abgenommen hätte, wäre ich wohl ziemlich schnell zu der Erkenntnis gekommen, dass wir wahrscheinlich keine Familie mit immer offenen Türen und unzähligen Gästen am Küchentisch sein würden.

Natürlich musste ich meine Vorstellungen von unserem Familienleben dann ziemlich schnell geraderücken. Denn – oh Wunder – diese Vorstellungen hatten nichts mit der Realität zu tun.

Bevor wir Eltern wurden, konnten wir uns unsere Freunde selbst aussuchen. Oder auch einfach allein bleiben. Mit Kindern muss man plötzlich alle möglichen Arten von Kontakten pflegen. Als ich schwanger wurde, hatte ich schlaflose Nächte, Tonnen von Windeln, Trotzphasen, Bananenschmiere an der Wand und eine permanente Schnupfnase gedanklich eingeplant. Auch mit Schulaufgaben und anstrengenden Lehrern hatte ich gerechnet. Was ich nicht auf dem Zettel hatte: Wie wahnsinnig viele Menschen in dein Leben treten, sobald das Kind da ist. Nein, sogar noch, bevor das Kind überhaupt da ist: Es fängt im Geburtsvorbereitungskurs an. Lauter fremde Pärchen, deren einzige Gemeinsamkeit mit mir die Tatsache ist, dass sie ungefähr zum gleichen Zeitpunkt des zurückliegenden Jahres Sex mit ihrem Partner gehabt haben. Ziemlich unerwartet habe ich in dem Kurs trotzdem tatsächlich eine Freundin für die kommenden Jahre gefunden.

Aber mit dem Geburtsvorbereitungskurs war es nicht getan. Als das Baby da war, mussten wir plötzlich zum Babykrabbeln und Schwimmkurse besuchen, bei der musikalischen Früherziehung reinschnuppern und bei all den anderen Kursen, die Eltern mit Kind angeboten wurden, damit keiner aus Versehen vor Langeweile stirbt (zu all diesen Kursen gleich mehr). Jede Menge neue Kontakte. Dazu kamen ziemlich viele fremde, meist ältere Leute, die plötzlich auf offener Straße anfingen, mit mir und dem Kind zu interagieren. Es war seltsam, denn all diese Leute hatten mich die letzten zwanzig Jahre ignoriert. Jetzt, da ich einen Kinderwagen durch die Gegend schob, schienen sie sich verbunden zu fühlen, eben weil sie auch Mutter, Vater, Großeltern oder

Tanten von irgendeinem Baby in irgendeinem Kinderwagen waren. Und dann sind da natürlich all die Väter und Mütter auf den Spielplätzen, bei denen ich nie weiß, ob sie sich mit mir unterhalten, weil sie wirklich glauben, wir hätten uns etwas zu sagen, oder weil sie durch ein Gespräch einfach nur verhindern wollen, direkt neben dem Klettergerüst im Stehen einzuschlafen.

Was kann ich – und was braucht das Kind?

Fangen wir bei den diversen Kursen an, die Eltern mit kleinen Babys im ersten Jahr angeboten werden. Was ich relativ schnell gemerkt habe: Babyschwimmen ist kein Muss. Und musikalische Früherziehung auch nicht. Die Alternative allerdings lautet, im Alltag allein mit dem Baby und somit die einzige Bezugsperson zu sein. Was introvertierten Eltern eine Menge Energie abziehen kann. Deswegen sollten sie prüfen, ob Kurse, die im ersten Moment nervig und unnötig wirken, sich im Endeffekt als Entlastung entpuppen können, weil das Baby für eine Zeit lang seine Aufmerksamkeit auf andere Menschen oder eben das Geschehen um sich herum richtet. Dann braucht es nur noch ein diskretes Paar Ohrstöpsel und den Mut zum Außenseitertum, und schon kann ich mein Baby dabei beobachten, wie es neue Erfahrungen macht, während ich selbst eben eher Zuschauerin als Akteurin bin, was erfahrungsgemäß sehr viel weniger Energie kostet.

Wenn die Kinder ein bisschen älter werden, gibt es diesen einen Moment, in dem man realisiert, dass man nicht nur mehr für seine eigenen Sozialkontakte zuständig ist, sondern auch für die seiner Kinder. Und die haben einen Anspruch darauf, sich genauso wie Kinder extrovertierter Eltern nachmittags zu verabreden. Bis die Kinder ungefähr drei Jahre alt sind, ist es ziemlich selbstverständlich, dass nicht nur die Kinder ein Date haben, sondern eben auch die gemeinsam betreuenden Erwachsenen. Ich erinnere mich noch, was für ein ambivalentes Gefühl das war, als ich merkte, dass mein Kleinkind begann, sich für andere Kinder zu interessieren. Denn einerseits war ich dadurch automatisch weniger für die Unterhaltung meines Kindes zuständig, was entlastend war. Andererseits aber trifft man ja nicht zufällig ein anderes Kleinkind irgendwo. Zu diesem anderen Kleinkind gehören immer auch andere Eltern. Und so kam ich vom Regen in die Traufe: Spielplätze!

Ich bin selbst nicht auf dem Land groß geworden – und auch meine Tochter ist ein Stadtkind. Hat man hier in Hamburg ein Kind, geht man mit ihm auf den Spielplatz, spätestens wenn es anfängt zu laufen. Mein Kind war fasziniert von Spielplätzen. Und zufällig hatten wir einen genau vor der Tür. Es war ein unbekanntes, lange vergessenes Terrain, das ich da betrat und wo ich seltsame Begegnungen mit anderen Eltern hatte. Ein bisschen erinnerte mich die Sache an eine Dating-App: Irgendwie sind alle aus dem gleichen Grund da, trotzdem sind alle grundverschieden. («Oh sorry, dass sie seine Schaufel geklaut hat, schwierige Phase, oder? Seid ihr öfter da? Woher hast du denn das niedliche Jäckchen? Und in welchem Kindergarten seid ihr eigentlich angemeldet?»)

Sehr viel gegenseitiges Abchecken, eine leichte Unsicherheit, ein bisschen Getue hier, etwas aufgesetzte Freundlichkeit da. Am Ende alles unverbindlich. Und trotzdem. Ich ging jeden Tag wieder hin. Mein Kind wollte Kontakt. Und nur weil ich gerne im Schneckenhaus wohnte, wollte ich es nicht zwingen, ebenfalls dort zu wohnen. Leider hatte ich fast keine Freunde, die Kinder im Alter meiner Tochter hatten. Das hätte die Sache vielleicht einfacher gemacht. Ich hatte also nur den Spielplatz. Und so sprang ich für die Zweijährige über meine Grenzen. Ich lächelte fremde Kinder aufmunternd an, wenn sie mit meiner Tochter Kontakt aufnahmen. Großzügig verteilte ich Himbeeren und Reiscracker an alle Interessierten. Ab und zu saß ich mit dem Kind auf dem Schoß auf der Wippe, auf der anderen Seite eine fremde Frau mit ihrem Kind. Meistens funkte es nicht.

Ein einziges Mal habe ich eine Frau getroffen, die ich richtig gut fand, sie hatte auch eine Tochter. Die Kinder nahmen Kontakt auf, wir unterhielten uns. Sie war nett. Sie war nicht nervig. Sie wies ihr Kind nicht die ganze Zeit zurecht und gab außerdem zu, wie müde sie gerade war. Das reichte mir, um sie zu mögen. Wir setzten uns zusammen auf eine Bank, die Kinder spielten im Sand. Mein Herz ging auf. Ich habe sie gefunden, dachte ich. Die eine Mutter, mit der Spielplatzbesuche erträglich werden könnten. Aber ich traute mich nicht, etwas zu sagen.

Heute würde ich sie wahrscheinlich nach ihrer Nummer fragen. Damals entschied ich mich für einen anderen Weg. Am nächsten Tag schnappte ich mir mein Kind und kam um dieselbe Zeit wieder. Doch die Mutter und Tochter waren nicht da. Ich versuchte es am Tag darauf noch einmal. Und auch am Tag danach. Am dritten Tag regnete es in Strömen. Ich ging trotzdem auf den Spielplatz, verschnürte meine Tochter in eines dieser fürchterlichen Regenoutfits und setzte mich mit ihr eine Stunde lang im Regen auf eine Schaukel. Wir waren ganz allein. Um das Kind abzulenken, sang ich ihm vor. Und tatsächlich, als der Regen aufhörte, sah ich Mutter und Kind den Spielplatz betreten. Ich schwöre, ich hatte Herzklopfen. Das schreibe ich nicht, weil es in die Geschichte passt. Es war wirklich so. Die Mutter sagte lässig Hallo und ließ sich mit ihrem Kind woanders nieder. Damit hätte eigentlich alles klar sein müssen, aber ich bin ihr noch fast ein Jahr lang hinterhergelaufen. Danach habe ich aufgegeben.

Ich will nicht ausschließen, dass ich selbst nicht auch den ein oder anderen Annäherungsversuch anderer Mütter abgeblockt habe, weil sie mir mit ihren Kontaktversuchen auf die Nerven gegangen sind. Nichts ist dann einfacher, als sich das eigene Kind unter einem Vorwand zu schnappen und abzuhauen. Es war eine frustrierende Phase. Im Nachhinein denke ich oft, dass es wirklich gar nicht so dumm ist, mit einer guten Freundin gemeinsam schwanger zu werden. Dieses Konzept kam mir früher immer ein wenig überambitioniert vor, heute denke anders darüber.

Gespräche mit Reiskörnern

Um noch besser zu verdeutlichen, wie wahnsinnig schwer ich mich mit den unzähligen neuen Menschen getan habe, die durch das Kind in mein Leben getreten sind, möchte ich vom ersten Elternabend meines Lebens erzählen.

Als mein Kind ganz neu war in seinem ersten Kindergarten, lud mich die Leitung zu diesem Elternabend ein. Ich bekam sofort ein flaues Gefühl im Magen. Hätte ich natürlich drauf hören können. Absagen, einfach nicht hingehen. Den Vater hinschicken. Das Schöne am introvertierten Erwachsenenleben ist ja, dass man sich solche Sachen zwischendurch einfach mal leisten kann.

Aber leider, leider gehört es für mich zu meinem Anspruch an das Elternsein eben auch, solche Veranstaltungen zu besuchen. Und leider, leider interessiert es mich natürlich schon, wie die Eltern der Freundinnen und Freunde meiner Tochter so drauf sind.

Ich überwand also meine Ängste und ging hin – einfach weil mein Interesse so groß war. Das Schild «Ich bin furchtbar heiser und kann heute nicht sprechen», das ich gerne mitgenommen hätte, ließ ich ebenfalls daheim. Ich würde den Mund aufmachen müssen.

Auf dem Weg zum Kindergarten erinnerte ich mich daran, was meine Mutter mir über Elternabende erzählt hatte: Wie wichtig es war, gleich zu Beginn etwas zu sagen, um einen festen Platz in der Gruppe zu bekommen. Ich nahm mir vor, genau das zu tun. Direkt am Anfang und mit fester Stimme. Ich würde einen guten, selbstbewussten Eindruck machen: Aha, würden die anderen Eltern denken, das ist die Mutter von dem neuen Kind, sie ist nett und offen, das Kind ist es bestimmt auch.

Es stellte sich heraus, dass ich sowieso etwas würde sagen müssen, denn natürlich gab es eine Vorstellungsrunde. Im großen Kreis auf winzigen Stühlchen saßen wir also da und stellten uns der Reihe nach alle kurz vor. Und obwohl ich ziemlich schnell drankam, reichte die Zeit, um wahnsinnig aufgeregt zu werden. Mein Herz klopfte hart bis an den Hals. Ein Gefühl, das ich schon fast vergessen hatte. Hallo Schulzeit, so hast du dich tatsächlich mal angefühlt, ich habe dieses Gefühl nicht vermisst.

Eigentlich machte ich meine Sache ganz gut. Feste Stimme, Augenkontakt: «Ich bin die Neue.» Check. Ich war fast ein bisschen stolz auf mich. Ich hatte mich gut geschlagen. Meine Stimme hatte nicht gezittert, ich hatte keinen unpassenden Witz gemacht und auch nicht den Namen meiner Tochter vergessen.

Aber dann kamen die anderen Eltern. Und ich begriff, dass die zum Teil schon seit Jahren dort waren, sich seit Ewigkeiten kannten, ihre Kinder praktisch gemeinsam großgezogen hatten – und sich auf einem Abend unter Freunden befanden. Danach ging es eigentlich nur noch abwärts. Die mir fremden Eltern sprachen über ehemalige Erzieher, an denen ihr Herz gehangen hatte, den Ablauf der Weihnachtsfeier (den ja eh schon jeder kennen würde), und sie überlegten gemeinsam mit der Kindergärtnerin, ob es sich lohnen würde, in ein neues Klettergerüst zu investieren. Sogar wenn ich gewollt hätte, ich hätte nicht gewusst, was ich zu der Unterhaltung hätte beisteuern können. Nirgendwo fand sich ein Platz, um mich einzubringen. Frustriert hockte ich auf meinem kleinen Stühlchen und ließ die Sache über mich ergehen.

(Inzwischen weiß ich, wie diese Elternbekanntschaften im Kindergarten funktionieren. Ich bin nun lange genug Mutter eines Kindergartenkindes gewesen, um zu wissen, dass neue Eltern die Alteingesessenen meistens nicht interessieren. Was schlichtweg daran liegt, dass neue Eltern die jüngsten Kinder der Gruppe haben und damit für die älteren, alteingesessenen Kinder meistens sowieso keine Rolle spielen. Kinder im Kindergarten freunden sich mit anderen Kindern ihres Alters an. Kommt man also neu dazu, ist es viel einfacher, auf andere Neue in der gleichen Altersklasse zu warten, statt zu versuchen, sich an die Alteingesessenen dranzuhängen.)

Als die Veranstaltung endlich zu Ende war und ich gerade nach meinem Mantel griff, stellte sich heraus, dass es üblich war, nach diesen Elternabenden gemeinsam essen zu gehen. Lieber hätte ich die ganze Nacht auf meinem Mini-Stühlchen im Kindergarten verbracht, als mir das noch anzutun. Zuerst hatte ich die Hoffnung, dass mich sowieso keiner fragen würde, ich mich unauffällig würde davonschleichen können. Aber dann war da ein aufmerksamer Vater, der mich doch noch bemerkte. Ob ich nicht auch mitkommen wollte, es sei quasi eine Tradition. Ich schluckte. Ich war mir sicher, dass er die Angst in meinen Augen erkennen musste. Aber ich nickte. Und ging mit. Für meine Tochter.

Wir gingen in ein kleines Lokal direkt neben dem Kindergarten. Obwohl die Sache nun schon eine ganze Weile her ist, erinnere mich an den Gemüseauflauf, den ich bestellte. Und an die Schnitzel der meisten anderen. Und daran, wie ich dasaß, auf das Essen wartete, während sich am ganzen Tisch allmählich die Gespräche ausbreiteten. Es ging um Kinder, die ich nicht kannte, Praktikanten, die man sich zurückwünschte, und eine Geburtstagsfeier, zu der meine Tochter nicht eingeladen war. Als ob es für Introvertierte nicht schon schwer genug ist, mit vielen Menschen an einem Tisch zu sitzen und zu essen, saß ich nun auch noch mit *fremden* Menschen an einem Tisch.

Die Sätze reihten sich aneinander, mühelos spielten sich die anderen die Themen gegenseitig zu, nur ich fand keinen Einstieg. Wenn mir endlich etwas Passendes einfiel, war das Gespräch schon wieder ganz woanders. Ich hinkte hinterher und spürte Minute für Minute, wie mir die Leichtigkeit verloren ging.

Dann kam das Essen. Ich betrachte den Teller mit größter Konzentration. All diese Reiskörner. Da kann man schon mal schnell die Übersicht verlieren. Und der Gemüseauflauf – ein einziges Chaos. Die anderen redeten einfach weiter.

«Ich sag jetzt gleich was. Irgendwas, egal was. Sobald sie das Thema noch einmal wechseln, werde ich den Mund aufmachen.» Ich versprach es mir selbst, nein, ich drohte mir.

«Wenigstens sind die Pommes nicht wieder eiskalt, so wie letztes Jahr», sagte gerade der Vater, der mich eingeladen hatte mitzukommen. Eine andere Mutter antwortete: «Stimmt, das Auftauen haben sie hier mittlerweile wirklich drauf.» Jemand lachte.

Okay. Das hier war wohl das, was man Smalltalk nennt. Die Hölle für alle Introvertierten. Aber sie redeten jetzt über das Essen. Dazu würde ich doch auch *irgendwas* beitragen können, oder?

«Hätte ich bloß nicht diesen ekligen Gemüseauflauf genommen», sagte jetzt eine Blondine schräg gegenüber, «der schmeckt irgendwie nach Seife.»

Ich ließ meinen Blick über die Teller fliegen. Alle hatten Schnitzel mit Pommes gewählt. Die Blondine und ich waren die Einzigen mit Gemüseauflauf. Was sollte ich bloß sagen?

Dass es *mir* aber schmeckt? Wen interessierte das schon? Und außerdem klang es eventuell arrogant. Es brächte uns eher auseinander, als dass es uns verbinden würde. Es wäre also kontraproduktiv, vielleicht würde sie sogar denken, ich kritisiere ihren Geschmack. Also keine gute Idee.

Ich hätte auch sagen können, dass sie recht hat. «Voll eklig», hätte ich sagen können und: «Ja, es schmeckt echt irgendwie nach Seife.» Aber das würde klingen, als redete ich ihr nach dem Mund. Da war sie wieder, meine Gedankenschleife, die ich so gut von mir und aus Erzählungen anderer Introvertierte kenne: gerne mal die Dinge wörtlich nehmen, alles hinterfragen, alles genau wissen wollen, bis man ganz wirr ist im Kopf.

In Gedanken wandte ich mich an sie und fragte: «Wenn du sagst, der Auflauf schmeckt nach Seife, meinst du dann wirklich, er schmeckt nach Seife? Oder soll das einfach nur ein Synonym für ‹schlecht› sein? Und wenn er tatsächlich nach Seife schmeckt, nach welcher Art von Seife? Handseife? Creme? Waschmittel? Oder eher so wie ein mildes Duschgel? Für Männer oder für Frauen?»

Ich stellte mir vor, wie um mich herum einer nach dem anderen aufhörte zu kauen, wie sich nach und nach alle Köpfe zu mir drehten und wie die Eltern unseres neuen Kindergartens mich mit offenen Mündern anstarrten.

Kurz überlegte ich, wie der Auflauf denn eigentlich wirklich schmeckte. Ich hatte keine Ahnung. Mein Herz pochte laut, meine Gedanken schwirrten umher. Ich war so sehr auf nacktes soziales Überleben programmiert, dass meine Geschmacksknospen gelähmt waren. Die anderen würden nun ebenfalls gemerkt haben, dass nur die Blondine und ich den Auflauf haben. Was könnte ich also sagen? Vielleicht: «Wir beide haben wenigstens keine Leichen auf dem Teller liegen.»

Das klang schön. Das würde ein Gemeinschaftsgefühl zwischen uns herstellen und war sogar ein bisschen lustig – wenn das diejenigen, die mit einem Schnitzel auf ihren Tellern dasaßen, vielleicht auch nicht ganz so sahen.

«Wie findest *du* denn das Essen?», fragte mich plötzlich jemand.

Jetzt ließ es sich nicht mehr länger vermeiden. Mein großer Auftritt. Es gab kein Zurück mehr. Ich lächelte schüchtern und flüsterte: «Eigentlich ganz okay.»

Wow. Was für eine Antwort. Ich hatte wahrscheinlich den einzigen Satz im Universum ausgesucht, auf den man nichts erwidern kann und aus dem sich keine weitere Unterhaltung entwickelte. Ich senkte den Blick und starrte auf meinen Teller.

«Liebstes Reiskorn», flüsterte ich, «hast du vielleicht eine Idee? Denn, weißt du, wenn ich jetzt nicht weiterrede, wird man mich vielleicht nie wieder etwas fragen.»

«Wäre das nicht schön?», antwortete das Reiskorn.

Ich nickte verstohlen.

Ich war soeben still und leise und vollkommen unbemerkt verrückt geworden.

Besuchskinder

Irgendwann fangen die Kinder an, sich auch mal ohne Eltern zu treffen. Ein großer Schritt in die Unabhängigkeit für beide Seiten. Denn vor allem für die Kinder wichtig: Sie können eine intensive Freundschaft aufbauen, lernen Abläufe in anderen Haushalten kennen und erfahren ein ganz neues Unabhängigkeitsgefühl von den Eltern. Sicherlich ist immer ein bisschen Glück dabei, ein Kind zu finden, das nett ist, Eltern hat, die es ebenfalls sind und das außerdem noch das Herz des eigenen Kindes erobert.

Aber wenn es klappt, dann wird jetzt das Leben mit Kind für Introvertierte manchmal sogar einfacher.

Wer nämlich die Hände über dem Kopf zusammenschlägt und schon Angst vor noch mehr Trubel und Lautstärke hat, weil sich schließlich die Anzahl der Kinder im Haushalt verdoppelt, der sei beruhigt: Besuchskinder haben nämlich die wahnsinnig angenehme Eigenschaft, die Aufmerksamkeit des eigenen Kindes auf sich zu ziehen. Und damit weg von den Eltern des Gastgeberkindes. Plötzlich ist man als Mutter nicht mehr Spielpartner Nummer eins. Außerdem bringen sie neue Ideen mit, von denen alle profitieren. Meiner Tochter wurde erst durch den Besuch fremder Kinder bei uns zu Hause klar, dass es eventuell ganz cool sein kann, sich in sein Zimmer zu verkriechen und in aller Seelenruhe einen Pferdestall zu bauen.

Es hat ein bisschen gebraucht, bis ich diesen Effekt verstanden habe. Mehrere Male stand ich orientierungslos in der Küche, drehte mich um mich selbst und war plötzlich ganz allein. Das Kind hatte gemeinsam mit dem Besuchskind die Kinderzimmertür hinter sich geschlossen und wollte «bitte nicht mehr gestört werden, Mama». Nur Eltern können verstehen, welche seltsame Mischung aus Unsicherheit, Freude und Freiheitsgefühl einen erklimmt, wenn das das erste Mal passiert. Mir fiel nichts Besseres ein, als die Spülmaschine auszuräumen.

Heute habe ich mehr Erfahrung. Ich fühle mich lediglich dafür zuständig, ab und zu Nahrung anzubieten und zu kontrollieren, ob niemand beim Spielen in die Hose gemacht hat oder aus Versehen gestorben ist. Ansonsten dödele ich im Wohnzimmer vor mich hin. Tipp: Je öfter der gleiche Spielpartner kommt, desto weniger werden die Eltern gebraucht, weil die Kinder sich «einspielen», gemeinsam neue Rituale entwickeln und das Besuchskind selbst weiß, wo die Toilette ist.

Mitzuspielen lehne ich übrigens kategorisch ab. Wie schrecklich wäre es, wenn in den Köpfchen der kleinen Besucher abgespeichert würde, dass es bei uns im Haus ein gutes Unterhaltungsprogramm gibt? Falls die Kinder doch mal nicht ins Spiel kommen, versuche ich eher, ihnen Zugang zu Sachen zu beschaffen, die sie normalerweise nicht bekommen. Ich habe zum Beispiel viel Geld in Theaterschminke und hochwertigen Glitzer investiert. Ich stelle die Sachen vor einen großen Spiegel und verabschiede mich dezent. Meistens führt es dazu, dass die Kinder sich sehr konzentriert – und vor allem lange! – gegenseitig schminken. Und danach muss fast immer hinter geschlossenen Türen eine Zirkusaufführung geprobt werden. Sehr schön tritt in solchen Situationen übrigens wieder mal der Unterschied zwischen mir und meinem Mann zutage: Während ich vorsichtig an der geschlossenen Kinderzimmertür vorbeihusche, macht er die Tür gerne mal auf, will sehen, was die Kinder machen, und manchmal sogar … mitspielen.

Fazit: Gegenseitige Kinderbesuche klingen erst mal anstrengend. Aber wenn man es geschickt anstellt, profitieren nicht nur die Kinder davon.

Lieblings-Lifehack für Kinderbesuch

Jeder besser der Besuchstag verlaufen ist, desto schwieriger kann manchmal die Abholsituation sein. Aus vielerlei Gründen: Alle Beteiligten sind müde und gleichzeitig aufgedreht, es gab noch kein Abendessen, das gemeinsame Spiel soll enttäuschenderweise ein Ende haben. Das Besuchskind muss jetzt gehen und angezogen werden. Wenn dann der abholende Papa oder die abholende Mama klingelt, drängeln sich alle auf einmal (mindestens vier Personen) im Flur – und die Kinder drehen noch mal so richtig auf. Für Introvertierte wird das verständlicherweise noch einmal zur Feuerprobe.

Ich habe irgendwann ausprobiert, das Besuchskind zur verabredeten Abholzeit selbst anzuziehen bzw. ihm dabei zu helfen. Das geht nämlich für den Elternteil, bei dem das Kind zu Gast ist, oft viel problemloser als für den abholenden Elternteil. Wenn es dann so weit fertig gepackt ist, muss es praktisch nur noch überreicht werden, wenn seine Eltern vor der Tür stehen. Das spart viel Zeit und Nerven. Abgesehen davon kommt es nicht zu Situationen, in denen beide Elternteile noch unfreiwillig zwanzig Minuten in der Küche stehen und warten, bis fertig gespielt wurde und das Kind sich endlich anziehen lässt.

Wenn meine Tochter und ich richtig gut sind, setzen wir sogar noch einen drauf: Manchmal bringen wir die Besuchskinder selbst nach Hause. Was für ein Service!

Ich gebe zu, ich arbeite hier recht zweckorientiert, aber mittlerweile richten die anderen Eltern mein Kind ebenfalls abholbereit her, sodass beim Klingeln nur noch die Übergabe stattfinden muss. Und manchmal kriege ich meine Tochter sogar nach Hause geliefert. Mein Service wurde also für gut befunden und kopiert.

Damit wären wir bei dem größten Vorteil daran, fremde Kinder mitzubetreuen: Deren Eltern werden sich revanchieren, und das eigene Kind ist dann eben auch mal woanders. Es wird von einem anderen Vater oder einer anderen Mutter aus dem Kindergarten abgeholt, bespielt, inspiriert und im besten Fall sogar mit Essen versorgt. Dann muss ich mein Kind nur noch abholen und ins Bett stecken und habe quasi einen kinderfreien Tag gehabt. Man kann es herzlos nennen, ich nenne es Selbstfürsorge.

Wer im Kindergarten schon eine gewisse Routine mit Besuchskindern entwickeln konnte, dem fällt es nicht schwer, die geteilte Kinderbetreuung kurze Zeit später auch in der Schulzeit anzuwenden. Abwechselnd können die befreundeten Kinder dann einander nach der Schule besuchen und zusammen Hausaufgaben machen. Eine Freundin von mir hat mit anderen Eltern ein praktisches System entwickelt: Die Kinder zirkulieren zwischen den einzelnen Haushalten und werden dabei jeweils von den Eltern betreut, deren Wissen in bestimmten Fächern gerade gefragt ist. So muss sie sich niemals mit ihrem Sohn durch verhasste Sachaufgaben aus dem Mathematikunterricht quälen, sondern ist nur zuständig für die Fächer, die ihr liegen. Die Erleichterung ist groß.

Tja. Und nur einen Wimpernschlag später fragt man sich, ob man die süßen kleinen nervigen Biester von damals noch mal wenigstens ein paar Stunden zurückhaben kann. Dann nämlich, wenn mit der Pubertät der Abnabelungsprozess einsetzt und die Kinder gemeinsam mit den Freunden nur noch kurz auftauchen, um dann schnell in ihren Zimmern zu verschwinden und die Türen hinter sich zu schließen.

Distanziert, aber freundlich

Bei aller Introvertiertheit – ich achte trotzdem sehr darauf, dass ich im Gespräch mit den anderen Eltern einen guten Ton treffe und höflich bleibe. Grüßen und Augenkontakt gehören für mich dazu. Ich finde, dass es sich gehört, und will es meinem Kind vorleben. Weder Introvertiertheit noch Schüchternheit sind eine Entschuldigung für Unhöflichkeit. Das klingt nach einer Selbstverständlichkeit, aber ich bin immer wieder überrascht, wie viele Eltern in meinem Umkreis nicht in der Lage sind, freundlich und aufrecht zu grüßen, sondern morgens nur so an mir vorbeihuschen. Ich habe selbst mehrere Eltern kennengelernt, die mich morgens beim Kinder-in-die-Kita-bringen oder nachmittags auf dem Spielplatz nicht grüßen. Ich habe das mal mit einer Mutter erlebt, es war so peinlich, wie wir uns ignorierten, obwohl wir uns definitiv kannten, dass ich am Ende die Straßenseite wechselte, wenn sie mir entgegenkam, nur um diesem schrecklichen Akt des Nicht-Grüßens und Extra-Übersehens zu entgehen. Danach habe ich mir geschworen, mich auf so etwas nie wieder einzulassen. Geradezu hartnäckig grüße ich deshalb inzwischen jeden Vater und jede Mutter, auch wenn sie die Augen gesenkt halten und schnell vorbeilaufen wollen. Und siehe da: Nach drei oder vier Malen kommt es vor, dass sie nicht mehr den Kopf senken, wenn sie mich sehen. Sondern auch von sich aus grüßen – und sogar lächeln. Wahrscheinlich denken sie, ich bin der extrovertierteste Mensch auf der Welt – und können sich nicht vorstellen, dass ich nur ein paar Jahre zuvor auf Elternabenden noch mit Reiskörnern gesprochen habe.

Nachwort: Keine Elsa –
und trotzdem geliebt

Ich hoffe, dieses Buch kann Eltern ermutigen, ihre stillen Kinder ab und zu auf eine andere Art zu betrachten. Auf eine liebevollere, wertschätzendere und verständnisvollere Art. Sie ermutigen, für die Stillen einzutreten, ihre Kinder zu retten, wenn sie das brauchen, und dem Drang zu widerstehen, sie irgendwie dazu zu bringen, extrovertierter zu sein. Ich hoffe auch, dass dieses Buch Eltern helfen kann, die sich ähnlich fühlen wie ich. Wir sind eben nicht genau die Art von Eltern, wie es andere von uns eventuell erwarten. Wie wir es selbst manchmal von uns erwarten.

Aber hey: Gibt es nicht unzählige Dinge, die wir uns mal anders vorgestellt hatten, Träume vom Familienleben, vom Kinderhaben, die wir ganz schnell revidieren mussten, als die Kleinen erst mal da waren?

Das bedeutet nicht, dass wir versagt haben, es ist einfach nur anders gekommen als erwartet. Schrauben wir also unsere Erwartungen ein bisschen herunter.

Beim Schreiben dieses Buches habe ich mich oft gefragt, was für eine Mutter sich meine Tochter wohl wünschen würde. Welchen Menschen würde sie eigentlich malen, wenn ich sie bitten würde, die Mutter ihrer Träume auf einen Zettel zu zeichnen? Sie würde wahrscheinlich eine Elsa malen, eine immer tanzende, immer fröhliche, zaubernde Königin. Hat sie nicht bekommen. Und trotzdem weiß ich, dass sie diejenige Mutter, die sie hat, über alles liebt – so wie sie ist – und niemals würde eintauschen wollen. Jedenfalls, bis sie irgendwann dreizehn wird.

Wir introvertierten Eltern sind tolle Eltern. Meine Tochter wird später mal über ihr Elternhaus vielleicht nicht sagen, dass die Tür immer offen war, dass Erwachsene und Kinder sich die Klinke in die Hand gegeben haben und am Ende des Tages immer ein dampfender Topf Spaghetti für alle auf dem Tisch stand. Sie wird von anderen Dingen erzählen. Davon, wie sie durch ihre Mutter die Liebe zu Büchern entdeckt hat. Wie wir stundenlang gekuschelt haben. Oder wie ich mit ihr am Meer spazieren war. Ihre Kindheitserinnerungen werden eher höhlenartige Rückzugsorte, Tee und lange Unterhaltungen beinhalten. Und dann wird sie von ihrem Vater erzählen, der sie ab und zu geschnappt hat und mit ihr die laute, weite Welt da draußen erkundet, Partys gefeiert und Abenteuer erlebt hat.

Was für eine großartige Mischung.

Danke

Als ich im Herbst 2021 die letzten Korrekturen an diesem Buch vornehme, schaue ich zum Spaß einmal nach, wann ich eigentlich die ersten Ideen zu diesem Thema hatte. Der älteste Eintrag auf meinem Rechner stammt aus dem März 2012. Unglaublich. Wenn dieses Buch erscheint, sind von der ersten Idee bis zum fertigen Buch tatsächlich zehn Jahre vergangen. In den zehn Jahren habe ich aber nicht nur geschrieben. Ich habe geheiratet, eine Tochter bekommen und mich wieder getrennt.

Ich danke meiner Agentin Caterina Schäfer von der Agentur Copywrite, die den Entstehungsprozess dieses Buches in seinen verschiedensten Versionen zehn Jahre lang geduldig begleitet und mir immer wieder neuen Mut gemacht hat. Ich danke auch meiner Lektorin Julia Vorrath, die dieses Buch gekauft hat. Für ihr Vertrauen, ihre Sorgfalt und Inspiration. Danke an Anke Willers, die meinen ersten Text über introvertierte Kinder gedruckt und damit den Stein wieder ins Rollen gebracht hat. Außerdem möchte ich mich bei Frauke Meyer bedanken, die viel Anteil daran hat, dass ich überhaupt wieder veröffentlichen kann.

Ich danke meinen Eltern, die mich auf sehr unterschiedliche Weise bei der Entstehung dieses Buches unterstützt haben. Meiner Mutter im Besonderen. Wenn ich eines über Elternschaft gelernt habe: Wir können es nicht richtig machen. Wir können jeden Tag unser Bestes geben. Und das hat sie getan. Kindheit ohne Wunden gibt es nicht. Also sollten wir großzügig miteinander sein. Auch wenn es in diesem Buch ab und zu darum ging, wie schwer ich es als introvertiertes Kind hatte, kann ich heute sagen, dass es dieses Buch nicht geben würde, hätte meine Mutter mich nicht so erzogen, wie sie es getan hat.

Ich danke außerdem dem Vater meiner Tochter, der mit mir während des Schreibens eine Trennung durchgemacht hat und jeden Tag gemeinsam mit mir daran arbeitet, unser Leben so zu gestalten, dass es unserer Tochter gut geht.

Außerdem danke ich E. und U., die dafür gesorgt haben, dass ich dieses Buch nach der Trennung in ihrem Leuchtturm zu Ende schreiben konnte.

Quellen

Alle Internetquellen wurden zuletzt abgerufen am 23.09.2021.

1 Carl Gustav Jung, Psychologische Typen, Gesammelte Werke 6. Mannheim 2021
2 https://wiki.edu.vn/wiki8/2020/12/09/jerome-kagan-wikipedia/
3 www.theatlantic.com/magazine/archive/2003/03/caring-for-your-introvert/302696/
4 Siehe z. B. Marti Olsen Laney, Die Macht der Introvertierten: Der andere Weg zu Glück und Erfolg. Göttingen 2015
5 Susan Cain, Still. Die Kraft der Introvertierten. München 2013
6 Maria Anna Schwarzberg, Proud to be Sensibelchen. Wie ich lernte, meine Hochsensibilität zu lieben. Reinbek bei Hamburg 2019
7 Cain 2013, Seite 19
8 siehe Wikipedia
9 https://edoc.hu-berlin.de/handle/18452/16766, Seite 34
10 Autoren der Studie sind die amerikanischen Wissenschaftler Ethan Bernstein und Stephen Turban an der Harvard Universität
11 Christine Wunnicke in der Sendung «Im Gespräch», Deutschlandfunk Kultur, 09.10.2020
12 Clementine Beauvais, Maisie Paradise Shearring, Mein Monster unter dem Spielplatz. Weinheim 2020
13 Alexandra Zykunov, «Wir sind doch alle längst gleichberechtigt!» 33 Bullshitsätze und wie wir sie endlich zerlegen. Berlin 2022

14 Elle van Lieshout, Erik van Os, Paula Gerritsen: So ein Fest. Frankfurt / Main 2013

15 file:///C:/Users/Eva/AppData/Local/Temp/Bachelorarbeit-Hegewald-2008.pdf

16 Siehe Rachel Bright, Der Löwe in dir. Bamberg 2016 und dies., Trau dich Koalabär. Bamberg 2017

17 Siehe Raquel J. Palacio, Wunder. Sieh mich nicht an. München 2016.

18 www.ted.com/talks/susan_cain_the_power_of_introverts?language=de#t-34911

19 Sylvia Löhken, Leise Menschen – starke Wirkung. Wie Sie Präsenz zeigen und Gehör finden. Offenbach / Main 2017

20 www.ted.com/talks/amy_cuddy_your_body_language_may_shape_who_you_are?language=de

21 Brian Tracy, Eat that Frog. 21 Wege, wie Sie in weniger Zeit mehr erreichen. Offenbach / Main 2019.

22 Siehe Marshall B. Rosenberg, Gewaltfreie Kommunikation. Eine Sprache des Lebens. Paderborn 2016.

23 Siehe z. B. www.gewuenschtestes-wunschkind.de/2015/01/gewaltfreie-kommunikation-nach-mit-kindern-nach-marshall-b-rosenberg.html

24 Siehe Rosenberg 2016

25 www.sportbuzzer.de/artikel/interview-mit-sportpsychologen-ist-per-mertesacker-ein-einzelfall-herr-herzog/

26 Ebd.

27 www.sueddeutsche.de/wissen/erziehung-man-kann-seine-kinder-auch-einfach-nur-geniessen-1.1062666

28 Béa Beste, Erziehung ist ein Kinderspiel. 8 geniale Strategien für ein Familienleben voller Humor und Leichtigkeit. Stuttgart 2020.

29 www.youtube.com/watch?v=hBLSJRF7bV8

30 www.unimedizin-mainz.de/psychosomatik/patienten/poliklinik-und-hochschulambulanzen/ambulanz-fuer-spielsucht.html

31 www.youtube.com/watch?v=9T6zJ8nmjHI

32 Veröffentlicht auf dem gleichnamigen Album «Das ist alles von

der Kunstfreiheit gedeckt», erschienen 2021 bei Antilopen Geld-wäsche / Warner Music

33 Nora Imlau, Mein Familienkompass. Was brauche ich und was brauchst du? Berlin 2020

34 https://sz-magazin.sueddeutsche.de/freie-radikale/mental-load-teilen-teresa-buecker-89594

35 Nora Imlau, Mein Familienkompass, Ullstein 2020, Seite 308

36 Jesper Juul, Nein aus Liebe. Klare Eltern, starke Kinder. Weinheim 2014.

37 https://open.spotify.com/episode/4fUHi5kTTxJKut9FfAEyzX

38 Laura Fröhlich, Die Frau fürs Leben ist nicht das Mädchen für alles. Was Eltern gewinnen, wenn sie den Mental Load teilen. München 2020

39 Brigitte 13/2020

40 Alissa Levy, Chips im Bett und Yoga im Park, Selfcare ganz ent-spannt. München 2021

41 Svenja Gräfen, Radikale Selbstfürsorge. Jetzt. Eine feministische Perspektive. Berlin 2021

42 Marlene Hellene, Zu groß für die Babyklappe. Geschichten aus dem Müttergenesungswerk. Hamburg 2020